Robert Schwalm

Schulliederbuch

188 ein- und zweistimmige Lieder nebst einer kurzgefaßten Chorgesangschule, 4.

Auflage, Gesenius, Halle, n. d. [c. 1899]

Robert Schwalm

Schulliederbuch
*188 ein- und zweistimmige Lieder nebst einer kurzgefaßten Chorgesangschule, 4. Auflage,
Gesenius, Halle, n. d. [c. 1899]*

ISBN/EAN: 9783744615518

Hergestellt in Europa, USA, Kanada, Australien, Japan

Cover: Foto ©Thomas Meinert / pixelio.de

Weitere Bücher finden Sie auf **www.hansebooks.com**

Schulliederbuch.

188 ein- und zweistimmige Lieder

nebst einer kurzgefaßten

Chorgesangschule.

Herausgegeben

von

Robert Schwalm,

Königl. Musikdirektor.

Mit besonderer Berücksichtigung der Verfügung der Königl. Regierungen und
Schulkollegien über Schullieder-Sammlungen.

Vierte Auflage.

Preis: In Schulband gebunden 50 Pfg.

Inhalt.

---

1. Gott ein Vater.

Mäßig.

F. Silcher.

1. Aus dem Him=mel fer = ne, wo die Englein sind,
2. Hö = ret sei = ne Bit = te treu bei Tag und Nacht,
3. Giebt mit Va = ter=hän = den ihm sein täg=lich Brot,
4. Sagt's den Kin=dern al = len, daß ein Va = ter ist,

1. schaut doch Gott so ger = ne her auf je = des Kind.
2. nimmt's bei je = dem Schrit = te vä = ter = lich in acht.
3. hilft an al = len En = den ihm aus Angst und Not.
4. dem sie wohl=ge=fal = len, der sie nicht ver=gißt.

W. Hey.

1*

2. Weihnachtslied.

Mäßig langsam.

Ch. H. Rinck.

1. Al = le Jah = re wie = der kommt das Chris = tus = kind
2. Kehrt mit sei = nem Se = gen ein in je = des Haus,
3. Ist auch mir zur Sei = te still und un = er = kannt,

1. auf die Er = de nie = der, wo wir Menschen sind.
2. geht auf al = len We = gen mit uns ein und aus.
3. daß es treu mich lei = te an der lie = ben Hand.

W. Hey.

3. Die drei großen christlichen Feste.

Mäßig langsam.

Sicilianische Volksweise: O sanctissima.

mf

1—3. O du fröh = li = che, o du se = li = ge, gna = ben = bringen = be

p

cresc.

1. Weihnachtszeit! Welt ging ver = lo = ren, Christ ward ge =
2. Os = ter = zeit! Christ ist er = schie = nen, uns zu ver =
3. Pfing = sten = zeit! Himm = li = sche Hee = re jauch = zen dir

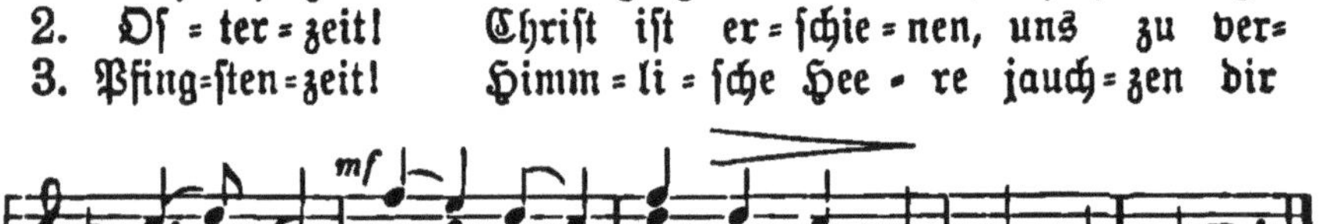

mf

1. bo = ren:
2. süh = nen: Freu = e, freu = e dich, o Chris = ten = heit!
3. Eh = re:

J. D. Falk.

4. Des Kindes Engel.

Lieblich.   C. G. Gläser.

1. Es geht durch al - le Lan - de ein En - gel still um -
2. Er geht von Haus zu Hau - se, und wo ein gu - tes
3. Er spie - let mit dem Kin - de so trau - lich und so
4. Und geht das Kind zur Ru - he, der En - gel wei - chet
5. O hol - der En - gel, füh - re auch mich den Kindern

1. her; kein Au - ge kann ihn se - hen, doch
2. Kind bei Va - ter o - der Mut - ter im
3. fein; er hilft ihm flei - ßig ler - nen und
4. nicht; er hü - tet treu sein Bett - chen bis
5. zu, die du so gern be - glei - test zu

1. al - les sie - het er. Der Him - mel ist sein
2. Käm - mer - lein sich find't, da wohnt er gern und
3. stets ge - hor - sam sein. Das Kind be - folgt's mit
4. an das Mor - gen - licht. Er weckt es auf mit
5. Ar - beit, Spiel und Ruh'! Bei sol - chen Kin - dern,

1. Va - ter - land, vom lie - ben Gott ist er — ge - sandt.
2. blei - bet da, und ist dem Kind - lein im - mer nah'.
3. fro - hem Mut, drum bleibt es auch so lieb — und gut.
4. stil - lem Kuß zur Ar - beit und zum Froh - ge - nuß.
5. lieb und fein, da mag auch ich so ger - ne sein.

T. Lieth.

5. Der Ambrosianische Lobgesang.

Mäßig langsam.   Peter Ritter.

1. {
Gro = ßer Gott, wir lo = ben dich, Herr, wir
vor dir neigt die Er = de sich und be=
}

2. {
Al = les, was dich prei = sen kann, Che = ru=
stim = men dir ein Lob = lied an; al = le
}

3. {
Hei = lig, Herr Gott Sa = ba = oth! Hei = lig,
star = ker Hel = fer in der Not! Him = mel,
}

4. {
Der A = pos = tel heil' = ger Chor, der Pro=
schickt zu dei = nem Thron em = por neu = e
}

5. {
Auf dem gan = zen Er = den = kreis lo = ben
dich, Gott Va = ter; dir zum Preis singt die
}

6. {
Sie lob = singt dem heil' = gen Geist, wel = cher
Gna = de, Trost und Heil er = weist; der, o
}

7. {
Herr, er = barm', er = bar = me dich! ü = ber
leit' und schütz' uns vä = ter = lich, steh' uns
}

1. {
prei = sen dei = ne Stär = ke;
wun = dert dei = ne Wer = ke.
} Wie du warst vor al = ler Zeit,

2. {
bim und Se = ra = phi = nen
En = gel, die dir die = nen,
} ru = fen dir stets oh = ne Ruh':

3. {
Herr der Krie = ges = hee = re!
Er = de, Luft und Mee = re
} sind er = füllt von deinem Ruhm;

4. {
phe = ten gro = ße Men = ge
Lob= und Dank = ge = fän = ge;
} der Blut = zeu = gen gro = ße Schar

5. {
Gro = ße und auch Klei = ne
hei = li = ge Ge = mei = ne,
} sie singt Lob auf seinem Thron

6. {
uns durch sei = ne Leh = ren
Kö = nig al = ler Eh = ren,
} der mit dir, Herr Je = su Christ,
.

7. {
uns, Herr, sei dein Se = gen!
bei auf al = len We = gen!
} Auf dich hof = fen wir al = lein:

1. so bleibst du in E = wig = keit.
2. Hei = lig, Hei = lig, Hei = lig! zu.
3. al = les ist dein Ei = gen = tum.
4. lobt und preist dich im = mer = dar.
5. bei = nem ein = ge = bor = nen Sohn.
6. und dem Va = ter e = wig ist.
7. laß uns nicht ver = lo = ren sein!

6. Die Kinder bei der Krippe.
J. A. P. Schulz.

Froh.

1. Ihr Kin = der = lein, kom = met, o kom = met doch all'
   zur Krip = pe her, kom = met, in Beth = le = hems Stall,
2. O seht in der Krip = pe im nächt = li = chen Stall,
   seht hier bei der Licht = lein hell=glän=zen=dem Strahl
3. Da liegt es — ach, Kin = der, auf Heu und auf Stroh;
   Ma = ri = a und Jo = seph be = trach = ten es froh;
4. O beugt wie die Hir = ten an = be = tend die Knie',
   er = he = bet die Händ = lein und dan = ket wie sie!

1. und seht, was in die = ser hoch = hei = li = gen Nacht der
2. in rein = li = chen Windeln das himm = li = sche Kind, viel
3. die red = li = chen Hir = ten knie'n be = tend da = vor, hoch
4. Stimmt freu = dig, ihr Kinder, — wer sollt' sich nicht freu'n? — stimmt

1. Va = ter im Him = mel für Freu = de uns macht!
2. schö = ner und hol = der, als En = gel es sind!
3. o = ben schwebt ju = belnd der En = ge = lein Chor.
4. freu = dig zum Ju = bel der En = gel mit ein!

7. Der beste Freund.

Sehr mäßig.   Volkslied

1. { Der bes=te Freund ist in dem Himmel, auf Er = ben
     denn bei dem fal=schen Welt=ge=tümmel steht Red=lich=

2. { Die Men=schen sind wie ei = ne Wie=ge: mein Je = sus
     daß, wenn ich gleich dar=nie=der lie=ge, mich sei = ne

3. { Er ließ sich sel = ber für mich tö=ten, ver=goß für
     steht mir noch bei in al = len Nö=ten und spricht für

4. { Mein Freund, der mir sein Her = ze gie=bet; mein Freund, der
     mein Freund, der mich be=stän= dig lie=bet; mein Freund bis

5. { Be = hal = te, Welt, dir dei = ne Freunde! sie sind doch
     und hätt' ich hun=dert=tau=send Fein=de, so krüm=men

1. { sind die Freun=de rar;   } Drum hab' ich's im = mer so ge=
     leit oft in Ge=fahr.

2. { ste = het fel = sen=fest,   } Er ist's, der mit mir lacht und
     Freundschaft doch nicht läßt.

3. { mich sein teu = res Blut,   } Drum hab' ich's im = mer so ge=
     mei = ne Sün = de gut.

4. { mein und ich bin sein,   } Ach, hab' ich's nun nicht recht ge=
     in das Grab hin = ein.

5. { gar zu wan = del=bar;   } Hier im=mer Freund und nim=mer
     sie mir nicht ein Haar.

1. meint:
2. weint:
3. meint: } Mein Je = sus ist der bes = te Freund.
4. meint?
5. Feind:

B. Schmolck.

8. Danklied.

Mäßig bewegt.   C. F. Schulz.

1. Dan = ket dem Herrn! Wir dan = ken dem Herrn; denn
2. Lo = bet den Herrn! Ja, lo = be den Herrn auch
3. Sein ist die Macht! All = mäch = tig ist Gott; sein
4. Groß ist der Herr! Ja, groß ist der Herr; sein
5. Be = tet ihn an! An = be = tung dem Herrn; mit
6. Sin = get dem Herrn! Lob-sin = get dem Herrn in

1. er ist freund = lich, und sei = ne Gü = te wäh = ret
2. mei = ne See = le; ver = giß es nie, was er dir
3. Thun ist wei = se, und sei = ne Huld wird je = den
4. Nam' ist hei = lig, und al = le Welt ist sei = ner
5. ho = her Ehr = furcht werd' auch von uns sein Na = me
6. fro = hen Chö = ren, denn er ver = nimmt auch un = sern

1. e = wig = lich, sie wäh = ret e = wig=
2. Gut's ge = than, was er dir Gut's ge=
3. Mor = gen neu, wird je = den Mor = gen
4. Eh = re voll, ist sei = ner Eh = re
5. stets ge = nannt, werd' auch sein Nam' ge=
6. Lob = ge = sang, auch un = sern Lob = ge=

1. lich, sie wäh = ret e = wig = lich.
2. than, was er dir Gut's ge = than.
3. neu, wird je = den Mor = gen neu.
4. voll, ist sei = ner Eh = re voll.
5. nannt, werd' auch sein Nam' ge = nannt!
6. sang, auch un = sern Lob = ge = sang.

C. F. W. Herroß.

9. Lobt froh den Herrn.

Freudig.　　　　　　　　　　　　　　　　　　H. G. Nägeli.

1. Lobt froh den Herrn, ihr ju = gend = li = chen
2. Es schallt em - por zu dei = nem Hei = lig=
3. Vom Prei = se voll laß un = ser Herz dir
4. Wir stam = meln hier; doch hörst du un = ser
5. Einst kommt die Zeit, wo wir auf tau = send

cresc.

1. Chö = rel er hö = ret gern ein Lied zu sei = ner
2. tu = me aus un = serm Chor ein Lied zu dei = nem
3. sin = gen; das Lob = lied soll zu dei = nem Thro = ne
4. Lal = len zum Prei = se dir mit Va = ter = wohl = ge=
5. Wei = sen, o Se = lig = keit! dich, un = sern Va = ter,

f　　　　　mf

1. Eh = re. Lobt froh den Herrn, lobt froh den Herrn!
2. Ruh = me, du, der sich Kin = der aus = er = kor!
3. drin = gen, das Lob, das uns = rer Seel' ent = quoll.
4. fal = len. Dir jauch = zen wir, bir sin = gen wir!
5. prei = sen von E = wig = keit zu E = wig = keit.

G. Geßner.

10. Es ist ein' Ros' entsprungen.

Mäßig bewegt.　　　　　　　　　　Melodie aus dem 16. Jahrh.

p

1. { Es ist ein' Ros' entsprungen aus ei = ner Wur = zel zart, }
　　{ als uns die Al = ten sun = gen, von Jes = se kam die Art }
2. { Das Rös = lein, das ich mei = ne, da = von Je = sa = ias sagt, }
　　{ hat uns ge = bracht al = lei = ne Ma = rie, die rei = ne Magd; }

1. und hat ein Blüm=lein bracht   mit = ten im
2. aus Got = tes ew' = gem Rat   hat sie ein

1. kal = ten Win = ter wohl   zu der hal - ben Nacht.
2. Kind ge = bo = ren wohl   zu der hal = ben Nacht.

11. Wie oft Gott zu loben sei.

Mäßig.   **Alte Melodie.**

1. Him=mels=au, licht und blau, wie=viel zählst du Stern=lein?
2. Tie = fes Meer, weit um=her, wie=viel zählst du Tröpf=lein?
3. Dunk=ler Wald, grün ge=stalt't, wie=viel zählst du Zweig=lein?
4. Son=nen=schein, klar und rein, wie=viel zählst du Fünk=lein?
5. E = wig=keit, lan=ge Zeit, wie=viel zählst du Stünd=lein?

1—5. Oh=ne Zahl! So viel=mal soll Gott stets ge = lo=bet sein!

12. Die heilige Nacht.

Mäßig bewegt. F. Gruber.

1. Stil = le Nacht! hei = li = ge Nacht! Al = les schläft,
2. Stil = le Nacht! hei = li = ge Nacht! Hir = ten erst
3. Stil = le Nacht! hei = li = ge Nacht! Got = tes Sohn,

1. ein = sam wacht nur das trau = te hoch = hei = li = ge Paar.
2. kund ge=macht; durch der En = gel Hal = le = lu = ja
3. o wie lacht Lieb' aus bei = nem gött = li = chen Mund,

1. Hol=der Kna=be im lok = ki = gen Haar, schlaf in himm = li = scher
2. tönt es laut von fern und nah: Christ, der Net = ter ist
3. da uns schlägt die ret = ten=de Stund', Christ, in dei = ner Ge=

1. Ruh'! schlaf in himm=li = scher Ruh'!
2. da! Christ, der Net = ter ist da!
3. burt! Christ, in dei = ner Ge = burt!

J. Mohr.

13. Trost für mancherlei Thränen.

Ruhig.   J. A. P. Schulz.

1. War = um sind der Thränen un = term Mond so viel?
2. Auf = ge = schaut mit Freuden, him = mel = auf zum Herrn!
3. Nur dies schwach' Gemü = te trägt nicht je = des Glück,
4. Der ist bis zum Gra = be wohl be = ra = ten hie,
5. Sind wir nicht vom Schlummer im = mer noch er = wacht?

1. und so man = ches Seh = nen, das nicht laut sein will?
2. sei = ner Kin = der Lei = den sieht er gar nicht gern.
3. stößt die rei = ne Gü = te selbst von sich zu = rück.
4. wel = chem Gott die Ga = be des Ver = trauns ver = lieh.
5. Le = ben und sein Kum = mer dau'rt nur Ei = ne Nacht:

1. Nicht doch, lie = ben Brü = der! ist dies un = ser Mut?
2. Er will gern er = freu = en und er = freut so sehr;
3. Wie's nun ist auf Er = den, al = so sollt's nicht sein;
4. Dem macht das Ge = tüm = mel die = ser Welt nicht heiß,
5. Die = se Nacht ent = flie = het, und der Tag bricht an,

1. Schlagt den Kum = mer nie = der; es wird al = les gut!
2. sei = ne Hän = de streu = en Se = gens g'nug um = her.
3. laßt uns bes = ser wer = den: gleich wird's bes = ser sein.
4. wer ge = trost zum Him = mel auf = zu = schau = en weiß.
5. eh' man sich's ver = sie = het; dann ist's wohl = ge = than.

Th. A. Overbeck.

14. Des Herrn Einzug.

Aus dem Oratorium: Judas Makkabäus.

G. F. Händel.

Freudig.

1. Toch = ter Zi = on, freu = e dich, jauch = ze
2. Ho = si = an = na, Da = vids Sohn! Sei ge=
3. Ho = si = an = na, Da = vids Sohn! Sei ge=

1. laut, Je = ru = sa = lem! Sieh, dein Kö = nig
2. seg = net dei = nem Volk! Grün = be nun dein
3. grü = ßet Kö = nig mild! E = wig steht dein

1. kommt zu dir, ja, er kommt, der Frie = be=
2. e = wig Reich! Ho = si = an = na in ber
3. Frie = bens=thron, du des ew' = gen Va = ters

1. fürst. Toch = ter Zi = on, freu = e dich,
2. Höh'! Ho = si = an = na, Da = vids Sohn!
3. Kind! Ho = si = an = na, Da = vids Sohn!

1. jauch = ze laut, Je = ru = sa = lem!
2. Sei ge = seg = net bei = nem Volk!
3. Sei ge = grü = ßet, Kö = nig mild!

15. Troſt.

Langſam. *Fr. Schneider.*

1. Mag auch die Lie = be wei = nen, es kommt ein
2. Mag auch der Glau = be za = gen, ein Tag des
3. Mag auch die Tu = gend käm = pfen, es kommt ein
4. Mag Hoff = nung auch er = ſchrek = ken, mag jauch = zen

1. Tag des Herrn. Es muß ein Mor = gen = ſtern nach
2. Lich = tes naht. Zur Hei = mat führt ſein Pfad! Aus
3. Ru = he = tag. Kein Sturmge = wölk ver = mag der
4. Grab und Tod. Es muß ein Mor = gen = rot die

1. dunk = ler Nacht er = ſchei = nen.
2. Dämm'rung muß es ta = gen!
3. Son = ne Strahl zu däm = pfen.
4. Schlummern = den einſt wek = ken.

F. A. Krummacher.

16. Preis dem Vater.

Feierlich.   W. A. Mozart.

1. Preis dem Va = ter, den dort o = ben   al = le sei = ne
2. Hei = lig, herr=lich,   oh = ne Wanken, Gott, sind dei = ne

1. Him = mel lo = ben, dem der Ster = ne Ju = bel schallt!
2. Heils=ge = dan = ken,   e = wig steht dein Kö = nig=reich.

1. Ihm, vor des = sen Macht und Eh = re laut ins Lob der
2. Und vor dei = nes Thro=nes Stu=fen, und im   tief = sten

1. Him = mels=hee=re   auch des Erd=runds Ju = bel schallt,
2. Stau = be   ru=fen Chor um Chor: Dir ist nichts gleich,

1. auch des Erd=runds Ju = bel schallt!
2. Chor um Chor: Dir ist   nichts gleich.

17. Die Auferstehung.

Feierlich.   K. H. Graun.

1. Auf = er = stehn, ja auf = er = stehn wirst du, mein
2. Wie = der auf = zu = blüh'n, werd' ich ge = sä't! Der
3. Tag des Danks, der Freu = den = thrä = nen Tag! du
4. Wie den Träu = men = den wird's dann uns sein! mit
5. Ach, ins Al = ler = hei = lig = ste führt mich mein

1. Staub, nach kur = zer Ruh'! Un = sterb = lichs Le = ben
2. Herr der Ern = te geht und sam = melt Gar = ben
3. mei = nes Got = tes Tag! Wenn ich im Gra = be
4. Je = su gehn wir ein zu sei = nen Freu = den!
5. Mitt = ler dann; lebt' ich im Hei = lig = tu = me,

1. wird, der dich schuf, — dir ge = ben! Hal = le = lu =
2. uns ein, uns ein, — die star = ben! Hal = le = lu =
3. ge = nug ge = schlum = mert ha = be, er = weckst du
4. Der mü = den Pil = ger Lei = den sind dann nicht
5. zu sei = nes Na = mens Ruh = me! Hal = le = lu =

1. ja!
2. ja!
3. mich! } Hal = le = lu = ja!
4. mehr!
5. ja!

F. G. Klopstock.

Schwalm, Schulliederbuch.   2

18. Gebet.

Feierlich.

Dimitri Bortniansky.

1. Ich be = te an die Macht der Lie = be, die sich in
2. Wie bist du mir so zart ge = wo=gen, und wie ver=
3. O Je = su, daß dein Na = me blie = be im Grun=de

1. Je = su of = fen = bart; ich geb' mich hin dem frei = en
2. langt dein Herz nach mir! Durch Lie = be sanft und tief ge=
3. tief ge=drük = ket ein! Möcht' dei = ne sü = ße Je = sus=

1. Trie = be, wo=durch ich Wurm ge = lie = bet
2. zo = gen, neigt sich mein Al = les auch zu
3. lie = be in Herz und Sinn ge = prä = get

1. warb; ich will, an = statt an mich zu den = ken,
2. dir, du trau = te Lie = be, gu = tes We = sen,
3. sein! Im Wort, im Werk und al = lem We = sen

1. ins Meer der Lie = be mich ver = sen = = ken.
2. du hast mich und ich dich er = le = = sen.
3. sei Je = sus und sonst nichts zu le = = sen.

Gerh. Terstegen.

19. Gebet.

Sehr langsam.   C. M. v. Weber.

1. Lei = se, lei = se, from = me Wei = se, schwing' dich
2. Zu dir wen = de ich die Hän = de, Herr ohn'

1. auf zum Ster = nen = krei = se! Lied, er = schal = lel
2. An = fang und ohn' En = de! Vor Ge = fah = ren

1. Fei = ernd wal = le mein Ge = bet zur Him = mels=
2. uns zu wah = ren, sen = de dei = ne En = gel=

1. hal = le, zur Him = mels = hal = le!
2. scha = ren, die En = gel = scha = ren!

Fr. Kind.

2*

20. Neujahr.

(Sylvester.)

1. Des Jah=res letz=te Stun=de er=tönt mit ern=stem
2. In ste=tem Wechsel trei=bet die flü=gel=schnel=le
3. Sind wir noch al=le le=bend, wer heu=te vor dem
4. Wer weiß, wie man=cher mo=dert ums Jahr ver=senkt ins
5. Der gu=te Mann nur schlie=ßet die Au=gen ru=hig
6. Auf, Brüder, fro=hen Mu=tes, auch wenn uns Trennung

1. Schlag: kommt, Brüder, in die Run=de undwünscht ihm Segen
2. Zeit: sie blü=het, al=tert, grei=set, und wird Ver=ges=sen=
3. Jahr, in Le=bens=fül=le stre=bend, mit Freunden fröhlich
4. Grab! Un=an=ge=mel=det so=dert der Tod die Menschen
5. zu; mit frohem Traum ver=sü=ßet ihm Gott des Gra=bes
6. droht; wer gut ist, fin=det Gu=tes im Le=ben und im

1. nach! Zu je=nen grau=en Jah=ren ent=
2. heit; kaum stam=meln dunk=le Schrif=ten auf
3. war? Ach, man=cher ist ge=schie=den, und
4. ab. Trotz lau=em Früh=lings=wet=ter weh'n
5. Ruh'! Er schlum=mert leich=ten Schlum=mer nach
6. Tod! Dort sam=meln wir uns wie=der und

1. fliegt es, wel = che wa = ren; es brach = te Freud' und
2. ih = ren mor = schen Grüf = ten. Und Schönheit, Reichtum,
3. liegt und schläft in Frie = den! Denkt sein, und wün=schet
4. oft ver = welk = te Blät = ter. Wer von uns nachbleibt,
5. die = ses Le = bens Kum = mer; dann weckt ihn Gott, von
6. sin = gen Won = ne = lie = der! Schlagt ein, und: Gut sein

1. Kum = mer viel und führt' uns nä = her an das
2. Ehr' und Macht sinkt mit der Zeit in ö = de
3. Ruh' hin = ab in un = srer Freun=de stil = les
4. wünscht dem Freund im stil = len Gra = be Ruh', und
5. Glanz er = hellt, zur Won = ne sei = ner bef = sern
6. im = mer = dar! sei un = ser Wunsch zum neu = en

1. Ziel. Ja! Freud' und Kum=mer bracht' es viel und
2. Nacht. Ach! Schönheit, Reichtum, Ehr' und Macht sinkt
3. Grab! Denkt sein, und wün = schet Ruh' hin = ab in
4. weint. — Wer von uns nachbleibt, wünscht dem Freund im
5. Welt. — Dann weckt ihn Gott, von Glanz er = hellt, zur
6. Jahr! Ja, gut sein, gut sein im = mer = dar! zum

1. führt' uns nä = her an das Ziel.
2. mit der Zeit in ö = de Nacht.
3. un = srer Freun = de stil = les Grab!
4. stil = len Gra = be Ruh', und weint. —
5. Won = ne sei = ner bef = sern Welt. —
6. lie = ben fro = hen neu = en Jahr.

J. H. Voß.

21. Frühlingslied.

Lebhaft.   Volksweise.

1. Al - le Vö - gel sind schon da, al - le Vö - gel,
2. Wie sie al - le luf - tig sind, flink und froh sich
3. Was sie uns ver - kün - det nun, neh - men wir zu

(Die Wiederholung p)

1. al - le! Welch ein Sin - gen, Mu - fi - zier'n,
2. re - gen! Am - fel, Drof - fel, Fink und Star,
3. Her - zen: Wir auch wol - len luf - tig fein,

1. Pfei - fen, Zwit-fchern, Ti - ri - lier'n! Früh - ling will nun
2. und die gan - ze Sän - ger - fchar wün - fchet dir ein
3. luf - tig wie ein Vö - ge - lein, hier und dort, felb-

1. ein - mar - fchier'n, kommt mit Sang und Schal - le.
2. fro - hes Jahr, lau - ter Heil und Se - gen.
3. aus, felb - ein, fin - gen, fprin - gen, fcher - zen.

Hoffmann von Fallersleben.

22. Frühlingsgruß.

Mäßig langfam.   F. Mendelsfohn-Bartholdy.

1. Lei - fe zieht durch mein Ge - müt lieb - li - ches Ge -
2. Kling hin - aus bis an das Haus, wo die Blu - men

1. läu = te. Klin = ge, klei = nes Früh = lings = lied,
2. spri = ßen: Wenn du ei = ne Ro = se schaust,

1. kling hin = aus ins Wei = te!
2. sag, ich laß' sie grü = ßen!

H. Heine.

23. Märzlied.

Mäßig.   Ab. Wendt.

1. Eh' noch der Lenz be = ginnt, Schnee von den
2. Noch blüht kein Veil = chen blau, noch ist der
3. Wär = me und hel = ler Schein hau = chen ihm
4. Voll die = ser Fröh = lich = keit singt's ob der

1. Ber = gen rinnt, sin = get das Vög = lein schon
2. Wald so grau, was mag das Vö = ge = lein
3. Ah = nung ein: bald kommt mit neu = em Glück
4. dür = ren Heid', lernt auf den künf = gen Mai

1. freu = di = gen Ton.
2. denn so er = freu'n?
3. Früh = ling zu = rück.
4. Lie = der sich neu.

A. E. Fröhlich.

24. Winter, ade!

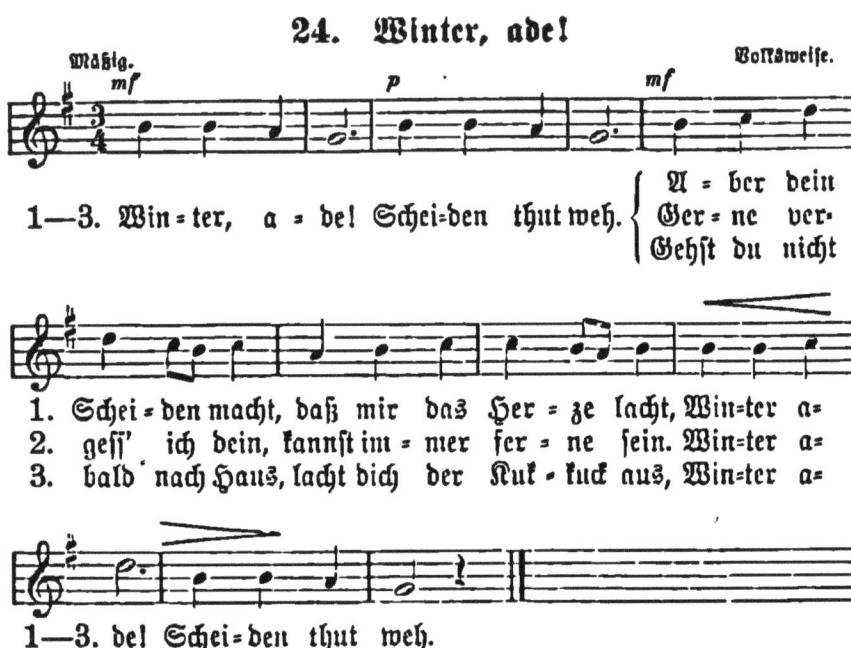

Mäßig. mf

1—3. Win=ter, a = be! Schei=ben thut weh. { A = ber dein
Ger = ne ver-
Gehst du nicht

1. Schei=ben macht, baß mir das Her = ze lacht, Win=ter a=
2. geff' ich dein, kannst im = mer fer = ne sein. Win=ter a=
3. bald nach Haus, lacht dich der Kuk = kuk aus, Win=ter a=

1—3. bei Schei=ben thut weh.

Hoffmann von Fallersleben.

25. Frühlingsbotschaft.

Munter, bewegt.

Volksweise.

mf

1. Kuk=kuk, Kuk=kuk ruft aus dem Wald. Laf = set uns sin=gen,
2. Kuk=kuk, Kuk=kuk läßt nicht sein Schrei'n: „Kommt in die Felder,
3. Kuk=kuk, Kuk=kuk, treff=li = cher Held! Was du ge = sun=gen,

1. tan=zen und sprin=gen! Frühling, Früh=ling wird es nun bald.
2. Wie=sen und Wäl = der! Frühling, Früh=ling, stel = le dich ein!"
3. ist dir ge = lun = gen: Win=ter, Win=ter räu=met das Feld!

Hoffmann von Fallersleben.

26. Komm, lieber Mai!

Munter.   W. A. Mozart.

1. Komm, lie = ber Mai, und ma = che die Bäu = me wie = der
2. Zwar Win = ter = ta = ge ha = ben wohl auch der Freu = den
3. Doch wenn die Vög = lein sin = gen und wir dann froh und

1. grün und laß uns an dem Ba = che die
2. viel, man kann im Schnee eins tra = ben und
3. flink auf grü = nem Ra = sen sprin = gen, das

1. klei = nen Veil = chen blüh'n! Wie möch = ten wir so
2. treibt manch schö = nes Spiel; baut Häu = ser = chen von
3. ist ein an = der Ding! Drum komm und bring' vor

1. ger = ne ein Veil = chen wie = der sehn, ach, lie = ber Mai, wie
2. Kar = ten, spielt Blinde = kuh und Pfand; auch giebt's wohl Schlitten =
3. al = len uns vie = le Veil = chen mit, bring' auch viel Nach = ti =

1. ger = ne ein = mal spa = zie = ren gehn!
2. fahr = ten aufs lie = be frei = e Land.
3. gal = len und schö = ne Kuk = kuks mit!

Th. A. Overbek.

27. Vögel singen.

Mäßig.   F. E. Fesca.

1. Vö = gel sin = gen, Blu=men blü = hen, grün ist
2. Wie im Bau = er sitzt der Vo = gel, sa = ßen
3. Freu = de lebt auf al = len We = gen, um uns,
4. Nun so laßt uns zieh'n und wan = dern durch den

1. wie = der Wald und Flur. O, so laßt uns zieh'n und
2. wir noch jüngst zu Haus. Auf = ge = than ist jetzt das
3. mit uns, ü = ber = all. Freu = de säu = selt aus den
4. neu = en Son = nen = schein, durch die lich = ten Au'n und

1. wan=dern von dem ei = nen Ort zum an = dern, durch die
2. Bau = er, hin ist Win = ter, Kält' und Trau = er und wir
3. Lüf = ten, hau = chet aus den Blu = men = düf = ten, tönt im
4. Fel = der, durch die dun = kel=grü = nen Wäl=der in die

1. wei = te, grü = ne Welt!
2. flie = gen wie = der aus.
3. Sang der Nach = ti = gall.
4. neu = e Welt hin = ein!

Hoffmann von Fallersleben.

28. Sommertag.

Mäßig bewegt.   C. M. v. Weber.

f   mf

1—3. Tra = ri = ra, der Som=mer, der ist da! ⎰ Wir
                                                          ⎱ Wir
                                                          ⎰ Der

1. wol = len 'naus in'n Gar = ten   und woll'n des Sommers war = ten.
2. wol = len zu den Hek = ken   und woll'n den Sommer wek = ken.
3. Som = mer hat ge = won = nen, der Win = ter hat ver = lo = ren.

1—3. Ja, ja,   ja,   der   Som = mer, der ist   da!

29. Frühlingslied.

Mäßig.   J. F. Reichardt.

1. Der   Früh = ling hat sich   ein = ge = stellt, wohl=
2. Er   hielt   im Wal = de   sich ver = steckt, daß
3. Jetzt   ist der Früh=ling   wie = der da;   ihm
4. Und   al = len hat er,   groß und klein, was
5. Drum   frisch hin = aus ins   frei = e Feld, ins

1. an, wer will ihn sehn? der   muß mit mir ins
2. nie = mand ihn mehr sah; ein   Vög = lein hat ihn
3. folgt, wo = hin er zieht, nur   lau = ter Freu = de
4. Schö = nes mit = ge = bracht, und   sollt's auch nur ein
5. grü = ne Feld hin = aus! Der   Früh = ling hat sich

1. frei = e Feld, ins   grü = ne Feld nun gehn.
2. auf = ge = weckt: jetzt   ist er wie = der da.
3. fern und nah, und   lau = ter Spiel und Lied.
4. Sträuß=chen sein: er   hat an uns ge = dacht.
5. ein = ge = stellt; wer   blie = be da   zu Haus?

Hoffmann von Fallersleben.

Mäßig.

30. Frühzeitiger Frühling.

Fr. Silcher.
(Melodie: „Ännchen von Tharau.")

Mäßig.

1. Ta = ge der Won = ne, kommt ihr so bald?
2. Bläu = li = che Fri = sche! Him = mel und Höh'!
3. Un = ter des Grü = nen blü = hen = der Kraft

1. Schenkt uns die Son = ne, Hü = gel und Wald?
2. Gol = de = ne Fi = sche wim = meln im See.
3. na = schen die Bie = nen sum = mend am Saft.

1. Reich = li = cher flie = ßen Bäch = lein zu = mal.
2. Bun = tes Ge = fie = der rau = schet im Hain;
3. Lei = se Be = we = gung bebt in der Luft,

1. Sind es die Wie = sen? Ist es das Thal?
2. himm = li = sche Lie = der schal = len bar = ein.
3. rei = zen = de Re = gung, lieb = li = cher Duft.

W. v. Goethe.

31. Die belebte Schöpfung.

Munter.   Joh. Abraham Peter Schulz.

1. Seht den Him=mel, wie hei=ter! Laub und Blu=men und
2. Ü = ber grün = li = che Kie = sel rollt der Quel=le Ge=
3. Al = les tan = zet vor Freu=de: dort das Reh in der
4. Kommt, Ge=spie=len, und springet, wie die Nach=ti=gall

cresc.

1. Kräu = ter schmük=ten Fel = der und Hain;
2. rie = sel pur=pur=blin=ken=den Schaum;
3. Hei = de, hier das Lämm=chen im Thal;
4. sin = get; denn sie sin = get zum Tanz!

mf   cresc.

1. Bal=sam at = men die Wes = te, und im schat=ti=gen
2. und die Nach=ti=gall flö = tet; und, vom A = bend ge=
3. Vö = gel hier im Ge = bü = sche, dort im Tei = che die
4. O ge=schwin=der, ge = schwinder! rund her=um wie die

1. Nes = te gir = ren brü = ten = de Vö = ge = lein.
2. rö = tet, wankt im spie = geln=den Bach der Baum.
3. Fi = sche, tau = send Mük = ken im Son=nen=strahl.
4. Kin = der: Rin = gel Rin = ge = lein Ro = sen=kranz!

Joh. Heinr. Voß.

32. Winterfreuden.

Mäßig geschwind. Joh. Balthasar Spieß.

1. Es na = het der Win = ter und hül = let die Flur in
2. Er lok = ket die Kna = ben auf knar = ren = des Eis, und
3. Er hül = let die Fel = der ins Schlafgewand ein, und
4. Auch liebt er ein Tänz=chen und fröh=li = ches Spiel, und

1. schnee=t = gen Schlei=er der Mut=ter Na = tur. Er
2. schel = len = de Schlit=ten auf spie=geln=des Gleis; er
3. stö = bert mit Flok=ken die Klei=nen hin = ein ans
4. schen = ket den Klei = nen der Freu=den so viell er

1. wan = delt die Blu=men ge = knik=ket in Staub, und
2. bau = et uns Brük=ken, kan = die = ret den Ast: drum
3. knis=tern = de Öf = chen, wo's Äp = fel = chen singt, er=
4. rei = chet uns Äp = fel und Nüs=se zum Fest, bei

cresc.

1. schüt=telt im Hai = ne das ster = ben = de Laub.
2. sei uns will = kom = men der schä = tern = de Gastl
3. zäh = let ein Mär=chen, das schau=er = lich klingt.
4. wel = chen es herr = lich durch = win=tern sich läßt.

Joh. G. Ziehnert.

53. Frühlingsabend.

Gemütlich.   Volksweise.

1. { Was kann schö=ner sein, was kann mehr er=freu'n als ein
   { wenn der Blüm=lein Duft rings er=füllt die Luft und die

2. { Dann geht man hin=aus, läßt zu=rück das Haus, setzt sich
   { hört den sü=ßen Schall von der Nach=ti=gall und der

3. { Sinkt die Nacht als=dann, ge=het je=dermann un=gern
   { weil das Him=mels=zelt bes=ser ihm ge=fällt als sein

1. { A=bend in den Len=zen,   } wenn die Vöglein brütend girren
   { A=bend=wolken glänzen,   }

2. { auf den weichen Ra=sen,   } Auch der Frö=sche Lenz=ge=sän=ge
   { Hir=ten Flö=te=bla=sen.   }

3. { aus der Freunde Mit=te,   } Doch die Zeit ist hin=ge=flo=gen
   { Dach und sei=ne Hüt=te,   }

1. und am See die Mück=lein schwirren, wenn die Bie=ne=lein
2. schal=len aus dem Schilf die Men=ge; fröh=lich ist ihr Mut,
3. und der Mond her=auf=ge=zo=gen samt den Ster=ne=lein,

1. mit dem Ho=nig=seim süß beschwert nach Hau=se ir=ren!
2. auf=ge=taut ihr Blut nach des lan=gen Winters Strenge.
3. wel=che groß und klein glänzen an dem Himmels=bo=gen.

J. U. Ch. Barnack.

34. Alles neu macht der Mai.

1. Al = les neu macht der Mai, macht die See = le
2. Wir durch=zieh'n Saa = ten grün, Hai = ne, die er=
3. Hier und dort, fort und fort, wo wir zie = hen

1. frisch und frei. Laßt das Haus! Kommt hin = aus!
2. göt = zend blüh'n, Wal = des=pracht, neu ge = macht
3. Ort für Ort, al = les freut sich der Zeit,

1. Win = det ei = nen Strauß! Rings er = glän = zet
2. nach des Win = ters Nacht. Dort im Schat = ten
3. die ver = schönt, er = neut. Wie = der = schein der

1. Son = nen = schein, duf = tend pran = get Flur und Hain;
2. an dem Quell rie = selnd mun = ter, sil = ber = hell,
3. Schöpfung blüht uns er = neu = end im Ge = müt.

1. Vö = gel = sang, Hör = ner=klang tönt den Wald ent=lang.
2. klein und groß ruht im Moos wie im wei = chen Schoß.
3. Al = les neu, frisch und frei macht der hol = de Mai.

Hermann, Adam v. Kamp.

35. Mailied.

Mäßig bewegt.

M. Hauptmann.

1. Will = kom = men uns, o schö = ner Mai, im
2. Ver = jün = gend labt die hei = tre Luft, das
3. Die Knos = pe treibt, die Blü = te bringt her=
4. Es ju = belt rings die Welt in Lust dem

1. hel = len Blü = ten = glanz! Wie hebt das Herz sich
2. mil = de Grün der Au', es labt der Blu = men
3. vor im Son = nen = schein! und tröst = lich in die
4. neu = er = wach = ten Mai, ent = ge = gen ihm aus

1. froh und frei im neu = en Le = bens = tanz, im
2. zar = ter Duft, es labt des Him = mels Blau, es
3. Lüf = te schwingt die Ler = che sich hin = ein, die
4. tie = fer Brust, und fühlt sich froh und frei, und

1. neu = en Le = bens = tanz.
2. labt des Him = mels Blau.
3. Ler = che sich hin = ein.
4. fühlt sich froh und frei.

C. F. H. Straß.

36. Märzsturm.

1. Es hat ge = braust die gan = ze Nacht der
2. Und wenn es braust und wenn es sauft, und

1. Mär = zen = wind mit wil = der Macht, und nach der
2. dir im Her = zen bangt und graust, gieb nur schön

1. Nacht war sacht das er = ste Grün er=
2. acht! Sacht ist das er = ste Grün er=

1—2. wacht! das Grün er = wacht.

F. A. Muth.

37. Im Mai.

Schwäbisches Volkslied.

1. Drauß ist al = les so präch = tig, und es
2. Und a Sträuß = le vom Mai = e trag i
3. Wenn am A = bend er = klin = ge rings die

1. wird mir so wohl, wenn im Gar=ten be=däch=tig a
2. luf=tig am Hut, und wen soll das nit freu=e, wem
3. Glöcklein zur Ruh', will den Lie=ben ich sin=ge: Macht die

1. Sträu=ße=le ich hol'. Mein — Herz=lein thut sich
2. steht's nit hübsch und gut? Auf den Au=en im
3. Au=ge=le jetzt zu! Al=le Blüm=le ver=

1. freu=e und es blüht mir auch dar=in! — Im
2. Mai=e zieh' i her und zieh' i hin: — Im
3. blü=he und der Mai ist bald vor=bei, — doch ins

1. Mai, im schö=ne Mai=e han i viel no im
2. Mai, im schö=ne Mai=e ist so fröh=lich mein
3. Herz wird er ein=zie=he, das recht gut, fromm und

1. Sinn, han i viel no im Sinn.
2. Sinn, ist so fröh=lich mein Sinn.
3. treu, das recht gut, fromm und treu.

3*

38. Herbstlied.

Volksweise

Sehr mäßig.
p

1. Das Laub fällt von den Bäu = men, das
2. Die Vög = lein im Wal = be san = gen; wie
3. Die Lie = be kehrt wohl wie = der im
4. Der Win = ter sei will = kom = men, sein

1. zar = te Som=mer=laub; das Le=ben mit sei = nen
2. schweigt der Wald jetzt still! Die Lieb' ist fort=ge=
3. künft'=gen lie = ben Jahr, und al = les tönt dann
4. Kleid ist rein und neu; den Schmuck hat er ge=

1. Träu=men zer = fällt in Asch' und Staub!
2. gan = gen, kein Vög = lein sin = gen will.
3. wie = der, was hier ver = klun = gen war.
4. nom = men, den Keim be = wahrt er treu.

S. A. Mahlmann.

39. Im Frühling.

W. A. Mozart.

Mäßig bewegt.
mf

1. Aus ih = rem Schlaf er = wa = chet von neu = em die Na=
2. Das jun = ge Veil=chen bie = tet uns sei = nen Balsam
3. Drum hascht am Ro = sen=sau = me sein Kleid, eh' es ver=

1. tur; feht, wie bie Son = ne la = djet her=
2. bar; der hol = be Lenz ver = gü = tet, was
3. blüht, und hin zum lee = ren Rau = me der

1. ab auf un = fre Flur! Sie wär = met uns nun
2. uns ge = nom = men war. Er meint's fo gut und
3. Nich = tig = fei = ten flieht: denn fur = ze Zeit nur

1. wie = ber mit ih = rem golb = nen Strahl; der
2. bie = der, teilt neu = e Freu = ben aus, und
3. wei = fet fein Fuß auf un = frer Flur; ift

1. Hir = ten Flö = ten = lie = ber er = tö = nen in bem
2. lockt nun al = les wie = ber ins frei = e Felb hin=
3. er ein = mal ent = ei = fet, hin = weg ift je = be

1. Thal,——— er = tö = nen in bem Thal.
2. aus,——— ins frei = e Felb hin = aus.
3. Spur,——— hin = weg ift je = be Spur.

J. J. Brückner.

40. Das Mailüfterl.

Mäßig bewegt.   J. Krebf.

1. Wenn's Mai-lüf - terl weht, geht im Wald brauß' der
2. Jed's Jahr kommt a Früh-ling, ist b'Win-ter vor-

1. Schnee, da heb'n b'blauen Veil-chen die Köp-ferl in
2. bei, der Mensch a = ber hat nur an an = zi - gen

1. b'Höh'! Und b'Vö - gerl, die g'schlaf'n hab'n die ganz' Win=ters=
2. Mai. Die Schwalb'n fliegen weit fort, doch zieh'n wie - der

1. zeit, die wer'n wie=der mun-ter, die wer'n wie-der
2. her; der Mensch, wenn er fort=geht, der Mensch, wenn er

1. mun = ter, die wer'n wie = der mun - ter und
2. fort = geht, der Mensch, wenn er fort - geht, der

1. sin = gen voll Freud', die wer'n wie = der
2. kommt nim = mer = mehr, der Mensch, wenn er

1. mun = ter und sin = gen voll Freud'.
2. fort = geht, der kommt nim = mer - mehr.

Anton v. Klesheim.

41. Maiglöckchen läutet.

Munter.   **Volksweise.**

1. Mai = glöck = chen läu = tet in dem Thal, das
2. Mai = glöck = chen spielt zum Tanz im Nu, und
3. Doch kaum der Reif das Thal ver = läßt, da

1. klingt so hell und fein; so kommt zum Rei = gen
2. al = le tan = zen dann; der Mond sieht ih = nen
3. ru = fet wie = der schnell Mai = glöck = chen zu dem

1. all = zu = mal, ihr lie = ben Blü = me = lein!
2. freund = lich zu, hat sei = ne Freu = de bran!
3. Früh = lings = fest, und läu = tet dop = pelt hell.

1. Die Blüm = lein blau und gelb und weiß, die
2. Den Jun = ker Reif ver = drießt es sehr, er
3. Nun hält's auch mich nicht mehr zu Haus, Mai=

1. kom = men all' her = bei, Ver = giß = mein = nicht und
2. kommt ins Thal hin = ein; Mai = glöck=chen spielt zum
3. glöck = chen ruft auch mich. Die Blüm=chen gehn zum

1. Eh = ren = preis und Veil = chen sind da = bei.
2. Tanz nicht mehr, fort sind die Blü = me = lein.
3. Tanz hin = aus, zum Tan = ze geh' auch ich.

Hoffmann von Fallersleben.

42. Morgenlied.

Ruhig.   J. Gersbach.

1. Die Ster = ne sind er = bli = chen mit
2. Noch wal = tet tie = fes Schwei = gen im
3. Sie sin = get Lob und Eh = re dem
4. Er hat die Nacht ver = trie = ben: ihr

1. ih = rem güld = nen Schein. Bald ist die Nacht ent=
2. Thal und ü = ber = all; auf frisch=be = tau = ten
3. ho = hen Herrn der Welt, der ü = berm Land und
4. Kind-lein, fürch=tet nichts! stets kommt zu sei = nen

1. wi = chen, der Mor = gen bringt her = ein.
2. Zwei=gen singt nur die Nach = ti = gall.
3. Mee = re die Hand des Se = gens hält.
4. Lie = ben der Va = ter al = les Lichts.

Hoffmann von Fallersleben.

43. Die Abendsonne.

Ruhig.   H. G. Nägell.

1. Gold = ne A = bend=son = ne, wie bist du so schön!
2. Schon in frü = her Ju = gend sah ich gern nach dir,
3. Wenn ich so am A = bend stau=nend vor dir stand
4. Doch von dir, o Son = ne, wend' ich mei = nen Blick
5. Schuf uns ja doch bei = de ei = nes Schöpfers Hand,—

1. nie kann oh = ne Won=ne bei = nen Glanz ich sehn.
2. und der Trieb zur Tu = gend glüh = te mehr in mir:
3. und, an dir mich la = bend, Got = tes Huld em = pfand.
4. mit noch höh'= rer Won=ne auf mich selbst zu = rück!
5. dich im Strahlen = klei = de, mich im Staub=ge = wand.

44. Morgenlied.

Nicht zu langsam.　　　　　　　　　　　　　　Scholinus.

1. Er = wacht vom sü = ßen Schlum = mer, ge=
2. Du bist es, der dem Mü = den, dem
3. Nun streust du Lust und Se = gen auf
4. O Gott, wie glänzt im Tau = e die
5. Aus tau = send Keh = len schal = let dir
6. O laßt auch uns er = he = ben den

1. stärkt durch sanf = te Ruh', jauchzt, Va = ter, frei von
2. Schwachen Kraft ge=schenkt! Du spra=chest: Schlaft in
3. al = les, was wir sehn; wir sehn sich al = les
4. schö = ne Mor = gen=flur! Die Welt, so weit ich
5. laut des Wal = des Chor; von tau = send Blu = men
6. Herrn das Le = ben lang; ja un = ser Herz und

1. Kum = mer, Preis un = ser Herz dir zu.
2. Frie = den, er = wa = chet un = ge = kränkt!
3. re = gen und al = les neu er = stehn.
4. schau = e, zeigt bei = ner Gü = te Spur.
5. wal = let dir O = pfer = duft em = por.
6. Le = ben sei lau = ter Lob = ge = sang.

J. C. Lavater.

45. Abendlied.

Mäßig langsam.　　　　　　　　　　　　　　Th. H. Rind.

1. A = bend wird es wie=der: ü = ber Wald und Feld
2. Nur der Bach er = gie = ßet sich am Fel = sen dort,
3. Und kein A = bend brin=get Frie=den ihm und Ruh',
4. So in dei = nem Stre=ben bist, mein Herz, auch du:

1. säu = selt Frie = den nie = der, und es ruht die Welt.
2. und er braust und flie = ßet im = mer, im = mer fort.
3. kei = ne Glok = ke klin = get ihm ein Rast=lied zu.
4. Gott nur kann dir ge = ben wah = re A = bend=ruh'.

Hoffmann von Fallersleben.

46. Die Abenddämmerung.

Langsam.   H. G. Nägeli.

1. Seht, die Son = ne sinkt ins Meer, Thal und Feld wird
2. Dei = ne En = gel sen = dest du, ew' = ger Va = ter,
3. Wer in Thrä=nen schlaf=los liegt, wird von Träu=men
4. Fal = len einst zur ew' = gen Ruh' uns die mü = den
5. Bricht der ew' = ge Mor=gen dann nach des Le = bens

1. men = schen=leer; al = les eilt der stil = len Ruh'
2. nun uns zu; si = cher ruh'n wir in der Nacht,
3. ein = ge = wiegt; dei = ne En = gel füh = ren ihn
4. Au = gen zu: un = fern Geist be = feh = len wir,
5. Wall=fahrt an: o, so füh = re, Va = ter, du

1. sei = ner trau = ten Hei = mat zu.
2. treu von ih = rem Schutz be = wacht.
3. schon im Traum zum Him = mel hin.
4. ew' = ger Va = ter, dann auch dir.
5. al = le uns dem Him = mel zu!

Ernst Anschütz.

47. Abendglöcklein.

1. Seht, wie die Son=ne dort sin=ket hin=ter dem
2. Hört ihr das Blö=ken der Her=de? seht, wie die
3. Dörf=chen, o sei uns will=kom=men! heut ist die

1. nächt=li=chen Wald! Glöck=chen schon Ru=he uns
2. Lüf=te schon weh'n! Dämm'rung um=schlei=ert die
3. Ar=beit voll=bracht; bald, von Ster=nen um=

1. win=ket: hört nur, wie lieb=lich es schallt!
2. Er=de; laſ=ſet zur Hüt=te uns gehn!
3. ſchwommen, na=het die ſei=ern=de Nacht.

1—3. Trau=li=ches Glöcklein, du läu=test ſo ſchön! Läu=te, mein

1—3. Glöcklein, nur zu, läu=te zur ſü=ßen Ruh'!

48. Die Abendglocke.

Sanft.   Volksweise.

1. Hörst du je = nes sanf = te Läu = ten in der
2. Durch des En = gels ho = he Wor = te Er = den=
3. Freund=lich die = se Tö = ne la = ben zum Ge=
4. Laß uns denn gen Him=mel schau=en, prei - sen

1. A = bend=dämm'rung dort? O es ist das heh = re
2. e = lend ist ver = süßt: A = ve, A = ve, Him=mels=
3. bet den Mü = den ein, daß der Herr mit Trost und
4. Gott mit Dank=ge = bet, kind=lich stets auf den ver=

1. Deu = ten von dem mensch=ge=word'nen Wort. O es
2. pfor = tel o Ma = ri = a, sei ge = grüßt! A = ve,
3. Gna = den füh = re ihn zum Mor=gen=schein, daß der
4. trau = en, der uns treu zur Sei = te steht, kind=lich

1. ist das heh=re Deu=ten von dem menschge=word'nen Wort.
2. A = ve, Himmels=pfor = tel o Ma = ri = a, sei ge=grüßt!
3. Herr mit Trost und Gnaden füh=re ihn zum Morgenschein.
4. stets auf den ver=trau=en, der uns treu zur Sei=te steht.

49. Abendgruß.

Langsam.   H. G. Nägeli.

1—5. Gu = te Nacht! gu = te Nacht! { aus ist nun der Son=ne
Sternlein kommen still und
Seht den Mond, wie hold er
wie = der = um ein Tag voll=
schla=fet wohl, denn Einer

1. Pracht. { Dort ist sie hin = ab = ge = stie = gen;
wie ein Kind=lein in der Wie = gen

2. sacht, { im = mer ei = nes nach dem an = dern
kom = men sie her = vor und wan = dern

3. lacht! { Und so macht er lei = se, lei = se
sei = ne wei = te Him = mels = rei = se

4. bracht! { Rings zum al = les Le = ben schwei=get,
je = des mü = de Au = ge nei = get

5. wacht! { wacht bis an den hel = len Mor = gen;
dar = um ru = het oh = ne Sor = gen,

1. schlum = mert sie in stil = ler Nacht.
2. dro = ben durch die stil = le Nacht.
3. still und freund=lich durch die Nacht.
4. sich zum Schlaf in stil = ler Nacht.
5. schla = fet wohl in finst' = rer Nacht.

1—5. Gu = te Nacht! gu = te Nacht! gu = te Nacht!

Ferdinand Dieffenbach.

50. Nachtgebet.

Mäßig langsam.   Volksweise.

1. Mü = de bin ich, geh' zur Ruh', schlie = ße bei=
2. Hab' ich un = recht heut' ge = than, sieh es, lie=
3. Al = le, die mir sind ver=wandt, Gott, laß ruh'n

1. de Aug = lein zu. Va = ter, laß die Au = gen
2. ber Gott, nicht an! Dei = ne Gnad' und Chris=ti
3. in dei = ner Handl Al = le Men=schen groß und

1. dein ü = ber mei = nem Bet = te sein!
2. Blut macht ja al = len Scha = den gut.
3. klein sol = len dir be = foh = len sein.

B. Henfel.

51. Abendgebet.

Andachtsvoll.   Fr. Silcher.

1. { Wie könnt' ich ru = hig schla = fen in dunk=ler Nacht,
   { wenn ich, o Gott und Va = ter, nicht dein ge = dacht?

2. { O dek = ke mei = ne Män = gel mit dei = ner Huld,
   { du bist ja, Gott, die Lie = be und die Ge = duld!

3. { Auch hilf, daß ich ver = ge = be, wie du ver = giebst,
   { und mei = ne Brü = der lie = be, wie du mich liebst.

1. Es hat des Ta = ges Trei = ben mein Herz zer = streut; bei
2. Gieb mir, um was ich fle = he, ein rei = nes Herz, das
3. So schlaf' ich oh = ne Ban = gen in Frie = den ein und

1. dir, bei dir ist Frie = den und Se = lig = keit.
2. dir, voll Freu=den die = ne in Glück und Schmerz.
3. träu = me süß und stil = le und den = ke dein.

Luise Hensel.

52. Wiegenlied.

J. F. Reichardt.

Sehr mäßig.

1. Schlaf, Kind=lein, schlaf! Der Va = ter hüt't die Schaf', die
2. Schlaf, Kind=lein, schlaf! Am Him = mel zieh'n die Schaf', die
3. Schlaf, Kind=lein, schlaf! Christkindlein hat ein Schaf, ist
4. Schlaf, Kind=lein, schlaf! So schenk ich dir ein Schaf mit
5. Schlaf, Kind=lein, schlaf und blök' nicht wie ein Schaf, sonst
6. Schlaf, Kind=lein, schlaf! Geh fort und hüt' die Schaf', geh

1. Mut = ter schüt=telt's Bäu=me = lein, da fällt her = ab ein
2. Sternlein sind die Läm=mer=lein, der Mond, der ist das
3. selbst das lie = be Got=tes=lamm, das um uns all' zu
4. ei = ner gold=nen Schel=le fein, das soll dein Spiel=ge=
5. kommt des Schä=fers Hün = de=lein und beißt mein bö = ses
6. fort, du schwar=zes Hün = de=lein, und weck' mir nicht mein

1. Träu = me = lein. Schlaf, Kind=lein, schlaf!
2. Schä = fer = lein. Schlaf, Kind=lein, schlaf!
3. To = de kam. Schlaf, Kind=lein, schlaf!
4. sel = le sein. Schlaf, Kind=lein, schlaf!
5. Kin = de = lein. Schlaf, Kind=lein, schlaf!
6. Kin = de = lein. Schlaf, Kind=lein, schlaf!

53. Wiegenlied.

Zart bewegt.   Joh. Brahms.

1. Gu = ten A = bend, gut' Nacht, mit Ro = sen be=
2 Gu = ten A = bend, gut' Nacht, von Eng = lein be=

1. dacht, mit Näg=lein be = steckt, schlupf' un = ter die
2. wacht, die zei = gen im Traum dir Christ=kind=leins

1. Deck': Mor=gen früh, wenn Gott will, wirst du wie = der ge=
2. Baum. Schlaf nun se = lig und süß, schau im Traum 's Pa=ra=

1. weckt, morgen früh, wenn Gott will, wirst du wie = der ge=weckt.
2. dies, schlaf nun se = lig und süß, schau im Traum 's Para=dies.

54. Wiegenlied.

Innig. p C. M. v. Weber.

1. Schlaf, Her-zens-kind-chen, mein Lieb=ling bist du!
2. En = gel vom Him = mel, so lieb-lich wie du!
3. Jetzt noch, mein Kind-chen, ist gol - de = ne Zeit;
4. Schlaf, Her= zens-kind - chen, und kommt gleich die Nacht,

1. Thu - e die blau - en Guck = äu = ge = lein zu!
2. schwe = ben ums Bett = chen und lä = cheln dir zu.
3. spä - ter, ach spä - ter! ist's nim = mer wie heut';
4. sitzt doch die Mut = ter am Bett-chen und wacht.

pp

1. Al - les ist ru = hig und still wie im Grab;
2. Spä = ter zwar stei = gen sie auch noch her - ab;
3. Stel - len erst Sor - gen ums La = ger sich her,
4. Sei es so spät auch und sei es so früh:

1. schlaf nur, ich weh = re die Flie - gen dir ab.
2. a - ber sie trock=nen nur Thrä=nen dir ab.
3. Kind = chen! dann schläft sich's so ru = hig nicht mehr.
4. Mut = ter= lieb', Herz-chen! ent = schlum=mert doch nie.

Clotilde v. Nostitz.

55. Sandmännchen.

Ruhig bewegt.   Niederrheinische Volksweise.

1. Die Blü-me-lein sie schla-fen schon längst im Mon-den-
2. Die Vö-ge-lein sie san-gen so süß im Son-nen-
3. Sandmännchen kommt ge-schli-chen und guckt durchs Fen-ster-
4. Sandmännchen aus dem Zim-mer, es schläft mein Herz-chen

1. schein, sie nik-ken mit den Köp-fen auf ih-ren Sten-ge-
2. schein, sie sind zur Ruh' ge-gan-gen in ih-re Nest-chen
3. lein, ob ir-gend noch ein Lieb-chen nicht mag zu Bet-te
4. fein, es ist gar fest ver-schlos-sen schon sein Guck-äu-ge-

1. lein.   Es rüt-telt sich der Blü-ten-baum, er
2. klein. Das Heim-chen in dem Äh-ren-grund, es
3. sein.   Und wo er nur ein Kind-chen fand, streut
4. lein.   Es leuch-tet mor-gen mir Will-komm das

1. säu-selt wie im Traum: Schla-fe, schla-fe, schlaf
2. thut al-lein sich kund: Schla-fe, schla-fe, schlaf
3. er ihm in die Au-gen Sand. Schla-fe, schla-fe, schlaf
4. Äu-ge-lein so fromm! Schla-fe, schla-fe, schlaf

1—4. du, mein Kin-be-lein!

4*

56. Der Abend.

Langſam.   Robert Volkmann.

1. Der A = bend ſenkt ſich lei = ſe, der Him=mel iſt ſo
2. Im Trau=me ſchwingt die Ler = che ſich in die kla = re
3. Sieh, al = le Ster = ne flim=mern, es ſchmilzt des Abends

1. blau; nun ſchlum=mern al = le Blu = men und
2. Luſt! Was je = de Blum' em = pfin = det, das
3. Pracht; laß kom = men nur die Stür = me und

1. Vög = lein auf der Au. Sie nik = ken, und ſie
2. haucht ſie aus in Luſt. Das Welt=all groß und
3. klei = den ſchwarz die Nacht. Schlaft ſüß und träumt, ihr

1. träu = men, o ſtört nicht ih = re Luſt, ſeht
2. herr = lich, mit ſei = nen Wel = ten klein, und
3. Vög = lein, ihr Blu = men auf der Au; im

1. ei = ne Welt ge = grün = bet auch in der klein = sten
2. al = ler Him = mel Him = mel nimmt ja mein Bu = sen
3. Her = zen ist es ru = hig, da ist der Him = mel

1. Brust, seht ei = ne Welt ge = grün = bet auch
2. ein, und al = ler Him = mel Him = mel nimmt
3. blau, im Her = zen ist es ru = hig, da

1. in der klein = sten Brust!
2. ja mein Bu = sen ein.
3. ist der Him = mel blau!

H. Ch. Andersen.

57. Abendchor.

Langsam.   Conradin Kreutzer.

Schon die A = bend = glok = ken klan = gen,

und die Flur im Schlum = mer liegt.

Wenn die Ster = ne auf = ge = gan = gen,

je = der gern im Traum sich wiegt. Ja, ein

ru = hi = ges Ge = wis = sen mög' uns stets den Schlaf ver=

sü = ßen, bis der Mor=gen=ruf er = schallt, bis der

Mor=gen=ruf er = schallt und das Horn vom Fel = sen

I. II.

hallt! Ja, ein hallt, und das Horn vom Fel = sen hallt.

58. Hymne an die Nacht.

Langsam und ausdrucksvoll.   L. v. Beethoven.

1. Heil'=ge Nacht, o gie = ße du Him = mels=frie = den
2. Har = fen = tö = ne, lind und süß, weh'n mir zar = te

1. in dies Herz! Bring' dem ar = men Pil = ger Ruh',
2. Lüf = te her, aus des Him=mels Pa = ra = dies,

1. hol = de La=bung sei = nem Schmerz! Hell schon er=
2. aus der Lie = be Won = ne = meer. Glüht nur, ihr

1. glüh'n die Ster=ne, grü = ßen aus blau = er Fer = ne:
2. gold = nen Ster=ne, win = kend aus blau=er Fer = ne!

1-2. Möch = te zu euch so ger = ne flieh'n him=mel = wärts.

59. Abendlied.

Ruhig.   Fr. Kuhlau.

1. Un = ter al = len Wip = feln ist Ruh'; in al = len Zweigen
2. Un = ter al = len Mon = den ist Ruh', und al = le Jahr' und
3. Un = ter al = len Ster = nen ist Ruh'; in al = len Himmeln

1. hö = rest du kei = nen Laut; die Vög = lein schla = fen im
2. al = le Tag' Jam = mer = laut. Das Laub ver = welkt in dem
3. hö = rest du Har = fen = laut, die Eng = lein spie = len, das

1. Wal = de.
2. Wal = de.   War = te nur, war = te nur, bal = de,
3. schall = te.

1. bal = de schläfst
2. bal = de welkst   auch du. War = te nur, war = te nur,
3. bal = de spielst

1. bal = de,   bal = de schläfst auch du, bal = de schläfst auch du.
2. bal = de,   bal = de welkst auch du, bal = de welkst auch du.
3. bal = de,   bal = de spielst auch du, bal = de spielst auch du.

Nach Goethes „Über allen Gipfeln" von Joh. Falk.

60. Das Waldhorn.

1. Wie lieb = lich schallt durch Busch und Wald des
2. Und je = der Baum im wei = ten Raum dünkt
3. Und je = be Brust fühlt neu = e Lust beim

1. Wald=horns sü = ßer Klang, des Wald=horns sü = ßer
2. uns wohl noch so grün, dünkt uns wohl noch so
3. fro = hen Zwillings = ton, beim fro = hen Zwillings=

1. Klang! Der Wi = der = hall im Ei = chen=thal hallt's
2. grün! es wallt der Quell wohl noch so hell durchs
3. ton, es flieht der Schmerz aus je = dem Herz so-

1. nach so lang, so lang, hallt's nach so lang, so lang!
2. Thal da = hin, da = hin, durchs Thal da=hin, da=hin.
3. gleich da = von, da = von, so = gleich da=von, da=von!

Chr. v. Schmid.

61. Im Wald.

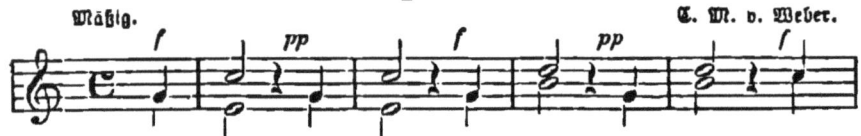

1. Im Wald, im Wald, im Wald, im Wald, im
2. Die Welt, die Welt, die Welt, die Welt, die

1. frischen grünen Wald, im Wald, im Wald, wo's E=cho schallt, wo's
2. gro=ße, wei=te Welt, die Welt, die Welt ist un=ser Zelt, ist

1. E = cho schallt, im Wald, wo's E = cho schallt, im
2. un = ser Zelt, die Welt ist un = ser Zelt, die

1. Wald, wo's E = cho schallt, da tö=net Ge=sang und der
2. Welt ist un = ser Zelt. Und wandern wir fin=gend, so

1. Hör=ner Klang so lu=tig den schweigenden Forst entlang. Tra=
2. schallt die Luft, die Wälder, die Thä=ler, die fels'=ge Kluft. Hal=

1. ra, tra = ra, tra = ra, tra = ra! tra = ra, tra = ra, tra=
2. lo, hal = lo, hal = lo, hal = lo! hal = lo, hal = lo, hal=

1. ra! tra = ra, tra = ra, tra = ra!
2. lo! hal = lo, hal = lo, hal = lo!

P. A. Wolff.

62. Waldlied.

Munter.   Volksweise.

1. Im Wal=de möcht' ich le = ben zur hei=ßen Som=mer=
2. In sei = ne küh = len Schatten winkt je = der Zweig und
3. Wie sich die Vö=gel schwingen im hel=len Mon=den=
4. Von je=dem Zweig und Rei = se, hört nur, wie's lieb=lich

1. zeit! Der Wald, der kann uns ge = ben viel
2. Ast; das Blüm=chen auf den Mat=ten nicht
3. glanz! die Hirsch' und Re = he sprin = gen so
4. schallt! sie sin = gen laut und lei = se: „Komm,

1. Lust und Fröh = lich = keit.
2. mir: „Komm, lie = ber Gast!"
3. lus = tig wie zum Tanz.
4. komm, zum grü = nen Wald!"

Hoffmann von Fallersleben

63. Ruf am Morgen im Walde.

Frisch und kräftig.

W. Meves.

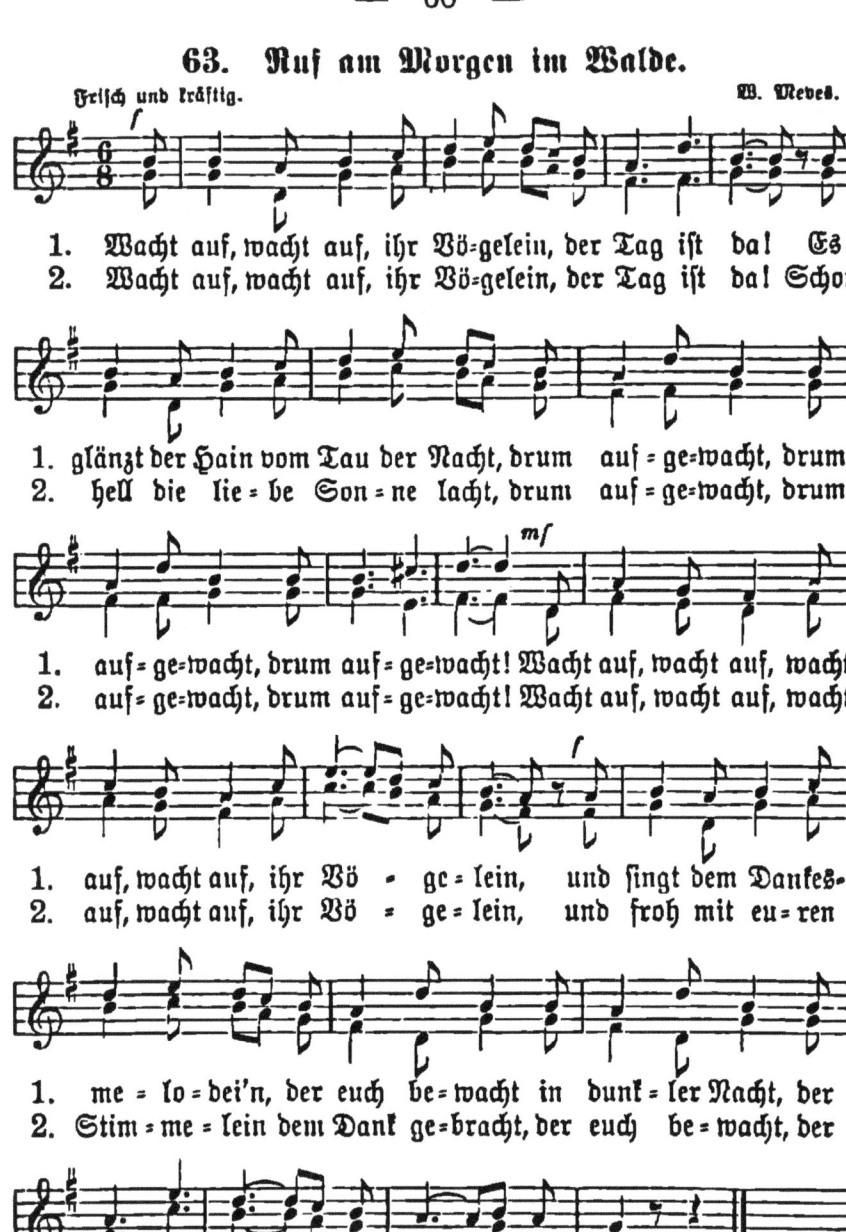

1. Wacht auf, wacht auf, ihr Vö=gelein, der Tag ist da! Es
2. Wacht auf, wacht auf, ihr Vö=gelein, der Tag ist da! Schon

1. glänzt der Hain vom Tau der Nacht, drum auf = ge=wacht, drum
2. hell die lie = be Son = ne lacht, drum auf = ge=wacht, drum

1. auf = ge=wacht, drum auf=ge=wacht! Wacht auf, wacht auf, wacht
2. auf = ge=wacht, drum auf=ge=wacht! Wacht auf, wacht auf, wacht

1. auf, wacht auf, ihr Vö - ge=lein, und singt dem Dankes-
2. auf, wacht auf, ihr Vö = ge=lein, und froh mit eu=ren

1. me = lo=bei'n, der euch be=wacht in dunk=ler Nacht, der
2. Stim = me = lein dem Dank ge=bracht, der euch be=wacht, der

1—2. euch be = wacht in dunk = ler Nacht.

64. Waldesluft.

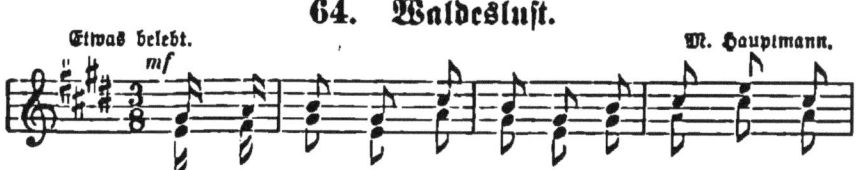

1. Auf dem Ra-sen im Wal=de, da lieg' ich so
2. Wenn der Wind durch die Äſ=te recht fürch=ter=lich

1. gern, auf der ſchat=ti=gen Hal=be, dem Bäch=lein nicht
2. brauſt und her=nie=der vom Neſ=te der Ad=ler ent=

1. fern! Wenn es o=ben im Lau=be recht ſchauer=lich
2. ſauſt! O dann lieg' ich im Wal=de ſo won=nig und

1. rauſcht, wenn, ge=rüſ=tet zum Rau=be, der U=hu ſchon
2. gern, auf der ſchat=ti=gen Hal=de, dem Bächlein nicht

1. lauſcht, wenn, ge=rüſ=tet zum Rau=be, der U=hu ſchonlauſcht!
2. fer , auf der ſchat=ti=gen Hal=be, dem Bächlein nicht fern!

65. Waldandacht.

Franz Abt.

Nicht zu langsam.

1. Früh mor = gens, wenn die Häh = ne kräh'n, eh'
2. Die Quel = le, die ihn kom = men hört, hält
3. Die Blüm = lein, wenn sie auf = ge = wacht, sie

1. noch der Wach = tel Ruf er = schallt, eh' wär = mer all' die
2. ihr Ge = mur = mel auf so = gleich, auf daß sie nicht in
3. ah = nen auch den Herrn als = bald und schütteln rasch den

1. Lüf = te weh'n, vom Jagd = horn = ruf das E = cho
2. An = dacht stört so groß als klein im Wald = be =
3. Schlaf der Nacht sich aus den Au = gen mit Ge =

1. hallt,
2. reich,
3. walt,

1. hallt, vom Jagdhorn = ruf das E = cho hallt, das E = cho
2. reich, so groß als klein im Wald = be = reich, im Wald = be =
3. walt, sich aus den Au = gen mit Ge = walt, ja mit Ge =

1. hallt; dann ge=het lei = fe nach fei=ner Wei=fe, dann ge=het
2. reich; die Bäu=me den=fen, die Bäu=me den=fen: nun laßt uns
3. walt, fie flüf=tern lei = fe ringsum im Krei=fe, fie flüftern

1. lei = fe nach fei=ner Wei=fe der lie = be Herr=gott durch den
2. fen=fen, nun laßt uns fenfen vorm lie=ben Herr=gott das Ge=
3. lei = fe ringsum im Krei=fe: der lie = be Gott geht durch den

1. der lie = be
2. vorm lie=ben
3. der lie = be

1. Wald, der lie = be Herr=gott durch den Wald, der
2. fträuch, vorm lie = ben Herr=gott das Ge=fträuch, vorm
3. Wald, der lie = be Gott geht durch den Wald, der

1. Herrgott durch den Wald, ——— durch den Wald.
2. Herrgott das Gefträuch, ——— das Ge = fträuch.
3. Gott geht durch den Wald, ——— durch den Wald.

1. lie = be Herr=gott, der lie = be Herr=gott durch den Wald.
2. lie = ben Herr=gott, vorm lie=ben Herr=gott das Gefträuch.
3. lie = be Gott, der lie = be Gott geht durch den Wald.

66. Waldesdunkel.

Langſam. C. M. v. Weber.

Wal = des = dun = kel, Wal = des = bun = kel,

Bu = chen = hal = len, trau = ter Hör = ner = klang! O

ſü = ßes Seh = nen, o ſü = ßes Seh = nen,

E = cho = gruß am Fel = ſen = hang!

67. Der Jäger Abſchied vom Walde.

Marſchmäßig. F. Mendelsſohn=Bartholdy.

1. Wer hat dich, du ſchö=ner Wald, auf=ge=baut ſo hoch da
2. Tief die Welt ver=worren ſchallt, o = ben ein=ſam Re = he
3. Was wir ſtill ge=lobt im Wald, wollen's draußen ehr=lich

1. dro=ben? Wohl den Meiſ=ter will ich lo = ben, ſo lang'
2. gra=ſen, und wir zie = hen fort und bla=ſen, daß es
3. hal=ten; e = wig blei=ben treu die Al=ten, bis das

1. noch mein' Stimm' er = schallt, wohl den Meis = ter will ich
2. tau = send = fach ver = hallt, und wir zie = hen fort und
3. letz = te Lied ver = hallt, e = wig blei = ben treu die

1. lo = ben, so lang' noch mein' Stimm' er = schallt. Le = be
2. bla = sen, daß es tau = send = fach ver = hallt. Le = be
3. Al = ten, bis das letz = te Lied ver = hallt. Le = be

1. wohl, le = be wohl! le = be wohl, le = be wohl! le = be
2. wohl, le = be wohl! le = be wohl, le = be wohl! le = be
3. wohl, le = be wohl, le = be wohl, le = be wohl! schirm' dich

1. wohl, le = be wohl, du schö = ner Wald! le = be
2. wohl, le = be wohl, du schö = ner Wald! le = be
3. Gott, schirm' dich Gott, du deut = scher Wald! le = be

1. wohl, le = be wohl, du schö = ner Wald!
2. wohl, le = be wohl, du schö = ner Wald!
3. wohl, schirm' dich Gott, du deut = scher Wald!

J. v. Eichendorff.

68. Abschied vom Walde.

Mäßig bewegt.　　　　　　　　　　　　　　　H. Esser.

1. A = de, du lie = bes Wal = des = grün, A = de! A=
2. A = de, ihr Fel = sen braun und grau, A = de! A=
3. Und scheid' ich auch auf Le = bens lang, A = de! A=

1. de! Ihr Blüm = lein mögt noch lan = ge blüh'n, A=
2. de! Weiß Gott, wann ich euch wie = der = schau', A=
3. de! O Wald, o Fels, o Vo = gel = sang! A=

1. de! A = de! Mögt an = dre Wandrer noch er = freu'n, und
2. de! A = de! Mir ist das Herz so trüb' und schwer, als
3. de! A = de! An euch, an euch zu al = ler Zeit ge=

1. ih = nen eu = re Düf = te streu'n,
2. rief's, du siehst sie nim = mer = mehr. ⎬ A = de, A=
3. ben = ke ich in Freu = dig = keit,

1—3. de, Ab = de, A = de!　　　　J. N. Vogel.

69. Die Heimat.

R. Tschirch.

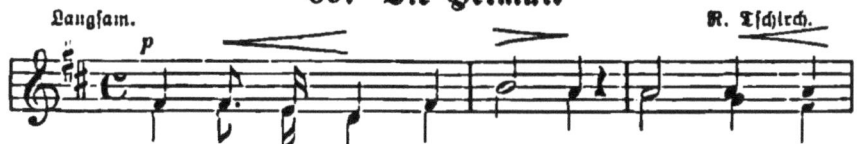

1. Wenn ich den Wan = drer fra = ge: „Wo kommst du
2. Wenn ich den Land= mann fra = ge: „Wo gehst du
3. Wenn ich den Freund nun fra = ge: „Wo blüht dein
4. So hat man mich ge = fra = get: „Was quält dich

1. her?" „Von Hau = se, von Hau = se," spricht er und
2. hin?" „Nach Hau = se, nach Hau = se," spricht er mit
3. Glück?" „Zu Hau = se, zu Hau = se," spricht er mit
4. sehr?" „Ich kann nicht nach Hau = se, hab' lei = ne

1. seuf = zet schwer. „Von Hau = se, von Hau = se," spricht
2. leich= tem Sinn. „Nach Hau = se, nach Hau = se," spricht
3. fro = hem Blick. „Zu Hau = se, zu Hau = se," spricht
4. Hei = mat mehr." „Ich kann nicht nach Hau = se, hab'

1. er und seuf = zet schwer.
2. er mit leich = tem Sinn.
3. er mit fro = hem Blick.
4. lei = ne Hei = mat mehr."

A. Lenz.

5*

70. Mein Herz ist im Hochland.

Munter.   Volksweise.

1. Mein Herz ist im Hoch = land, mein Herz ist nicht
2. Mein Nor = den, mein Hoch = land, leb' wohl, ich muß
3. Lebt wohl, ihr Ge = bir = ge mit Häup = tern voll

1. hier! Mein Herz ist im Hoch=land, im wald'=gen Re=
2. zieh'n! Du Wie = ge von al = lem, was stark und was
3. Schnee, ihr Schluchten, ihr Thä = ler, du schäu=men = de

1. vier. Da jag' ich das Rot = wild, da folg' ich dem
2. kühn! Doch wo ich auch wan = dre und wo ich auch
3. See, ihr Wäl = der, ihr Klip = pen, so grau und be=

1. Reh, mein Herz ist im Hoch=land, wo im=mer ich geh'.
2. bin, nach den Hü = geln des Hoch=lands steht all'=zeit mein Sinn.
3. moost, ihr Strö=me, die zor = nig durch Fel=der ihr tost!

71. Das Steirerland.

Gemütlich.

Tiroler Volkslied.

1. Hoch vom Dachstein an, wo der Aar noch haust, bis zum
2. Wo im dun=keln Wald froh das Reh=lein springt, broben

1. Wenden=land am Bett der Saab, wo die Sen=ne=rin fro=he
2. auf gar stei=ler Ber=ges=höh', wo das Bächlein klar aus den

1. Job=ler singt und der Jä=ger kühn sein Jagd=rohr
2. Gletschern rinnt und die Gem=se klimmt am Fel=sen=

1. schwingt;
2. raud; } die=ses schö=ne Land ist der Steirer Land, ist mein

1—2. lie=bes, teu=res Hei=mat=land, die=ses schö=ne Land ist der

1—2. Stei=rer Land, ist mein lie=bes, teu=res Va=ter=land.

72. Im Unterland.

Mäßig bewegt. · Schwäbische Weise.

1. Drun=ten im Un=ter=land, da ist's halt fein.
2. Drun=ten im Nek=kar=thal, da ist's halt gut.
3. Kalt ist's im O=ber=land, drun=ten ist's warm;
4. A=ber da un=ten 'rum, da sind d'Leut arm,

1. Schle=hen im O=ber=land, Trau=ben im Un=ter=land;
2. Ist mer's da o=ben 'rum manchmal au no so dumm,
3. o=ben sind d'Leut so reich, d'Herzen sind gar net weich,
4. a=ber so froh und frei und auch im Her=zen treu;

1. drun=ten im Un=ter=land möcht' i wohl sein.
2. han i doch al=le=weil drun=ten gut's Blut.
3. seh'n mi net freund=lich an, wer=den net warm.
4. drum sind im Un=ter=land d'Her=zen so warm.

G. Weigle.

73. Heimat, süße Heimat.

Ruhig. · Engl. Volkslied.

1. Kein Be=cher voll Won=nen, ge=füllt bis zum
2. Den Frie=den der See=le ver=leiht die Frem=de

1. Rand, er = setzt auf fremder Er = be das teu = re Va = ter=
2. nicht! Wo find' ich die Hüt = te, mein trau = li = ches

1. land. Des Himmels rein=ster Se = gen die Hei = mat be=
2. Glück, die sin = gen=den Vög=lein, die al = le mich

1. glückt, Er = in = ne=rung und Ju=gend die See = le ent=
2. kannten, wer giebt mir die Ru = he des Her = zens zu=

1. zückt.
2. rück? | O sü = ßer Hei=mat = laut! wie klingst du dem

1—2. Her = zen, dem Her = zen, lieb und traut!

74. Mein Herz ist im Hochland.

Lebhaft.

N. W. Gade.

1. Mein Herz ist im Hoch=land, mein Herz ist nicht hier, mein
2. Mein Nor=den, mein Hoch=land, lebt wohl, ich muß zich'n! Du
3. Lebt wohl, ihr Ge = bir = ge, mit Häuptern voll Schnee, ihr
4. Mein Herz ist im Hoch=land, mein Herz ist nicht hier, mein

1. Herz ist im Hoch=land, im wald'=gen Re = vier! Da
2. Wie = ge von al = lem, was stark und was kühn! Doch
3. Schluchten, ihr Thä = ler, du schäu=men=der See, ihr
4. Herz ist im Hoch=land, im wald'=gen Re = vier! Da

1. jag' ich das Rot=wild, da folg' ich dem Reh, mein
2. wo ich auch wan=dre, und wo ich auch bin, nach den
3. Wäl=der, ihr Klip=pen, so grau und be=moost, ihr
4. jag' ich das Rot=wild, da folg'. ich dem Reh, mein

1. Herz ist im Hoch=land, wo im = mer ich geh'!
2. Hü = geln des Hoch=lands steht all = zeit mein Sinn!
3. Strö=me, die zor = nig durch Fel = sen ihr tost!
4. Herz ist im Hoch=land, wo im = mer ich geh'!

75. Lieb Heimatland, ade!

1. { Nun a = be, du mein lieb Hei = mat = land, lieb
   { es geht jetzt fort zum frem = ben Strand, lieb

2. { Wie du lachst mit bei = nes Him = mels Blau, lieb
   { wie du grü = ßest mich mit Felb unb Au', lieb

3. { Be = glei = test mich, bu lie = ber Fluß, lieb
   { bist trau = rig, baß ich wan = bern muß, lieb

1. Hei = mat = land, a = be! Unb so sing' ich benn mit
2. Hei = mat = land, a = be! Gott weiß, zu bir steht
3. Hei = mat = land, a = be! Vom moos'=gen Stein am

1. fro = hem Mut, wie man sin = get, wenn man wan=bern
2. stets mein Sinn; boch jetzt zur Fer = ne zieht's mich
3. walb'=gen Thal, ba grüß' ich dich zum letz = ten=

1. thut, lieb Hei = mat = land, a = be!
2. hin, lieb Hei = mat = land, a = be!
3. mal, mein Hei = mat = land, a = be!

A. Disselhoff.

76. Auf deinen Höh'n.

Ruhig.   Schottische Volksweise.

1. Auf dei = nen Höh'n, du mein lie = bes Va = ter = land, da
2. O Hei = mat = land, du bist mir so in = nig lieb; in
3. Wo auf den Höh'n mei = ne Al = pen = ro = sen blüh'n, und

1. blüht so schön Al = pen = ros' an Ber = ges = wand. Die
2. wei = ter Fern' dir mein Herz stets treu ver = blieb. Wohl
3. groß und schön mächt'ge Fir = nen son = nig glüh'n: da

1. Ro = sen blüh'n so hell, so hell im Son = nen = schein und
2. ist die Welt so schön, so weit mein Fuß mich trug, doch
3. lebt mein Volk so frei, mein Volk so stolz und kühn und

1. lieb = li = ches Grün schließt rings die Blu = men ein.
2. du warst's al = lein, für das mein Her = ze schlug.
3. prei = set das Land, wo sei = ne Ro = sen blüh'n.

77. Sehnsucht nach dem Rheine.

Gehend. *mf* Volksweise.

1. Dort, wo der al = te Rhein mit sei = nen
2. Ach, könnt' ich dort in leich = ter Gon = del
3. Dort, wo der grau = en Vor = zeit schö = ne
4. Wo Burg und Klos = ter sich aus Ne = bel
5. Ja, mei = ne Schrit = te will ich dort = hin

1. Wel = len so man = cher Burg be = moos = te Trümmer
2. schau=keln, ach, hört' ich dort ein mil = des Win=zer=
3. Sa = gen sich freundlich drän=gen um die Phan=ta=
4. he = ben, und je = des bringt die al = ten Wun=der
5. flü = geln, wo=hin sich jetzt nur mei = ne Sehn=sucht

1. grüßt; dort, wo die blau = en Trau=ben saft' = ger
2. lied, dann wür=den schön're Bil=der mich um=
3. sie, dort ist ja, mei = ne Sehn=sucht kann nicht
4. mit, den kräft'=gen Rit = ter seh' ich wie = der
5. träumt, will freu = dig ei = len zu den Re = ben=

rit.

1. schwellen und fri=scher Most des Win=zers Müh' ver=süßt!
2. gau=keln, als sie der El = ster fla=ches U = fer sieht!
3. trü = gen, dort ist das Land der schö=nen Po = e = sie.
4. le = ben, er sucht das Schwert, wo=mit er oft=mals stritt.
5. hü = geln, wo die Be=geist'=rung aus Po = ka = len schäumt.

1. Dort möcht' ich sein, dort möcht' ich sein! bei dir, du
2. Dort möcht' ich sein, dort möcht' ich sein! wo dei = ne
3. Dort möcht' ich sein, dort möcht' ich sein! bei dir, du
4. Dort möcht' ich sein, dort möcht' ich sein! wo Bur=gen
5. Bald bin ich dort, bald bin ich dort, und du, mein

1. Va=ter Rhein, auf dei=nen Ber=gen möcht' ich sein!
2. Wel=le rauscht, wo E = cho hin=term Fel=sen lauscht.
3. Va=ter Rhein, wo Sa=gen sich an Sa=gen reih'n!
4. auf den Höh'n wie al=te Lei=chen=stei=ne steh'n!
5. Va=ter Rhein, stimmst froh in mei=ne Wün=sche ein.

Schmidt von Trier.

78. Deutsche Heimat.

Mäßig.　　　　　　　　　　　　　　　　　Volksweise.
p

1. Zwi=schen Frankreich und dem Böh=mer=wald, da wachsen
2. Fern in frem=den Lan=den war ich auch, bald bin ich
3. Ist ein Land, es heißt J = ta = li = a, wo blüh'n O=
4. Als ich sah die Al=pen wie=der glüh'n hell in der

1. un = sre Re=ben. Grüß' mein Land am grü=nen
2. heim = ge = gan=gen. Hei = ße Luft und Durst da=
3. ran=gen und Ci = tro = nen. „Sin = gel!“ sprach die Rö = me=
4. Mor = gen = son = ne: Grüß' mein Land, o gold=ner

1. Rhein, grüß' mir mei = nen küh = len Wein! Nur in
2. bei, Qual und Sor = gen man = cher = lei, — nur nach
3. rin; und ich sang zum Nor = ben hin: Nur in
4. Schein, grüß' mir mei = nen grü = nen Rhein! Nur in

1. Deutschland, nur in Deutsch = land, da will ich
2. Deutschland, nur nach Deutsch = land, da thät mein
3. Deutschland, nur in Deutsch = land, da will ich
4. Deutschland, nur in Deutsch = land, da woh = net

1. e = wig le = ben, nur in Deutschland, nur in
2. Herz ver = lan = gen, nur nach Deutschland, nur nach
3. sein und woh = nen, nur in Deutschland, nur in
4. Freud' und Won = ne, nur in Deutschland, nur in

1. Deutsch = land, da will ich e = wig le = ben.
2. Deutsch = land, da thät mein Herz ver = lan = gen.
3. Deutsch = land, da will ich sein und woh = nen.
4. Deutsch = land, da woh = net Freud' und Won = ne.

Hoffmann von Fallersleben.

79. Der weiße Hirsch.

Mäßig. Eine Stimme. Volksweise.

1. Es gin=gen drei Jä=ger wohl auf die Birsch, sie
2. Sie leg=ten sich un=ter den Tan = nenbaum, da
Der erste. 3. „Mir hat ge = träumt, ich klopf' auf den Busch; da
Der zweite. 4. „Und als er sprang mit der Hun=de Ge=klaff, da
Der dritte. 5. „Und als ich den Hirsch an der Er = de sah, da
6. So la=gen sie da und sprachen die drei, da
7. Und eh' die Jä=ger ihn recht ge=sehn, so

Alle.

1. woll = ten er = ja = gen den wei = ßen Hirsch, sie
2. hat = ten die drei ei = nen selt = sa = men Traum, da
3. rausch=te der Hirsch her = aus aus dem Busch, da
4. brannt' ich ihm auf das Fell, piff, paff! da
5. stieß ich lus = tig ins Horn, tra = ra! da
6. rann = te der wei = ße Hirsch vor = bei, da
7. war er da = von ü = ber Tie = fen und Höh'n, so

1. woll = ten er = ja = gen den wei = ßen Hirsch.
2. hat = ten die drei ei = nen selt = sa = men Traum.
3. rausch=te der Hirsch her = aus aus dem Busch."
4. brannt' ich ihm auf das Fell, piff, paff!"
5. stieß ich lus = tig ins Horn, tra = ra!"
6. rann = te der wei = ße Hirsch vor = bei.
7. war er da = von ü = ber Tie = fen und Höh'n!

7. Husch, husch! piff, paff! tra = ra!

B. Uhland.

80. Der Jäger aus Kurpfalz.

Lustig. Volksweise.

1. Ein Jä = ger aus Kur = pfalz, der rei = tet durch den
2. Bursch, satt = le mir mein Pferd, und leg' dar = auf den
3. Jetzt reit' ich nicht mehr heim, bis daß der Kuk = kuk:

1. grü=nen Wald, er schießt das Wild da=her, gleich wie es ihm ge=
2. Mantel=sack, so reit' ich da um=her als Jä=ger aus Kur=
3. „Kuckuck" schreit; er schreit die gan=ze Nacht all = hier auf grü=ner

1. fällt.
2. pfalz! Ju = hul tra=ra! Gar lus=tig ist die Jä=ge=rei all=
3. Heid'.

1—3. hier auf grü = ner Heid', all = hier auf grü = ner Heid'.

81. Jägerlied.

Heiter.   Volksweise.

1. Im Wald und auf der Hei = de, da such' ich mei = ne
2. Trag' ich in mei=ner Ta = sche ein Trünklein in der
3. Im Wal = de hin=ge=stre=ket, den Tisch mit Moos mir
4. Das Huhn im schnellen Zu = ge, die Schnepf' im Zik=zack=
5. Und streich'ich durch die Wäl = der, und zieh' ich durch die
6. Wenn sich die Son=ne nei = get, der feuch=te Ne = bel

pp

1. Freu = de, ich bin ein Jä = gers = mann, ich
2. Fla = sche, zwei Bif = sen lie = bes Brot, zwei
3. dek = ket die freund=li = che Na = tur, die
4. flu = ge treff' ich mit Si = cher = heit, treff'
5. Fel = der ein = fam den vol = len Tag, ein=
6. stei = get, mein Tag=werk ist ge = than, mein

mf

1. bin ein Jä = gers = mann! Die For=sten treu zu
2. Bif=sen lie = bes Brot; brennt luf = tig mei = ne
3. freundli = che Na = tur: den treu=en Hund zur
4. ich mit Si = cher = heit; die Sau=en, Reh' und
5. fam den vol = len Tag; doch schwinden mir die
6. Tag=werk ist ge = than: dann zieh' ich von der

1. pfle = gen, das Wild=bret zu er = le = gen, mein'
2. Pfei = fe, wenn ich den Forst durch=strei = fe, da
3. Sei = te, ich mir das Mahl be = rei = te auf
4. Hir = sche er = leg' ich auf der Bir = sche, der
5. Stun = den gleich flüch=ti = gen Se = kun = den, tracht'
6. Hei = de zur häus=lich stil = len Freu = de, ein

1. Luſt hab' ich bar = an, mein' Luſt hab' ich bar=
2. hat es kei = ne Not, da hat es kei = ne
3. Got = tes frei = er Flur, auf Got = tes frei = er
4. Fuchs läßt mir ſein Kleid, der Fuchs läßt mir ſein
5. ich dem Wil = be nach, tracht' ich dem Wil = be
6. fro = her Jä = gers = mann, ein fro = her Jä = gers=

Einzelne. mf

1. an. Hal = li, hal = la! tra = ri, tra = ra!—mein'
2. Not. Hal = li, hal = la! tra = ri, tra = ra!— da
3. Flur; Hal = li, hal = la! tra = ri, tra = ra!— auf
4. Kleid. Hal = li, hal = la! tra = ri, tra = ra!— der
5. nach. Hal = li, hal = la! tra = ri, tra = ra!—tracht'
6. mann. Hal = li, hal = la! tra = ri, tra = ra!— ein

mf Alle.

1. Luſt hab' ich bar = an Hal = li, hal = la! tra=
2. hat es kei = ne Not. Hal = li, hal = la! tra=
3. Got = tes frei = er Flur. Hal = li, hal = la! tra=
4. Fuchs läßt mir ſein Kleid. Hal = li, hal = la! tra=
5. ich dem Wil = be nach. Hal = li, hal = la! tra=
6. fro = her Jä = gers = mann. Hal = li, hal = la! tra=

ff

1. ri, tra = ra!—mein' Luſt hab' ich bar = an.
2. ri, tra = ra!— da hat es kei = ne Not.
3. ri, tra = ra!— auf Got = tes frei = er Flur.
4. ri, tra = ra!— der Fuchs läßt mir ſein Kleid.
5. ri, tra = ra!—tracht' ich dem Wil = be nach.
6. ri, tra = ra!— ein fro = her Jä = gers = mann.

W. Bornemann.

82. Turnermarsch.

1. Tur = ner zieh'n froh da = hin, wenn die Bäu = me
2. Graut der Tag ins Ge = mach, dann ist auch der
3. Arm in Arm, son = der Harm wan = dert fort der
4. Stur = mes = saus, Wet = ter = braus hält den Tur = ner
5. Le = bens=drang, To = des=gang fin = det einst uns

1. schwel=len grün; Wan=der=fahrt, streng und hart, das ist
2. Tur = ner wach; wird's dann hell, rasch und schnell ist er
3. Tur = ner Schwarm. Weit und breit zieh'n wir heut' bis zur
4. nicht zu Haus'; fri = scher Mut wallt im Blut, deucht ihm
5. nim = mer bang; fri = sches Blut, Män = ner = mut ist dann

1. Tur = ner = art! Tur = ner = sinn ist froh be = stellt,
2. auf der Stell', wan = delt hin zum Sam = mel = ort,
3. A = bend = zeit; und der Tur = ner kla = get nie,
4. al = les gut; singt 'nen lust' = gen Tur = ner=sang,
5. Wehr und Hut. Braust der Sturm uns nicht zu Grund',

1. Tur = nern Wan = dern wohl = ge = fällt! ⎫
2. und dann zieh'n die Tur = ner fort: ⎪
3. scheu = et nim = mer Wan = der = müh': ⎬ Dar=um frei
4. blei = bet froh sein Le = ben lang: ⎪
5. fall'n wir doch zu gu = ter Stund': ⎭

1—5. Tur=ne=rei stets ge=prie=sen sei!

H. F. Maßmann.

83. Der frohe Wandersmann.

Fröhlich bewegt.
mf

Th. Fröhlich.

1. Wem Gott will rech=te Gunst er=wei=sen, den
2. Die Bäch=lein von den Ber=gen sprin=gen, die
3. Den lie=ben Gott laß' ich nur wal=ten; der

1. schickt er in die wei=te Welt; dem will er sei=ne Wunder
2. Ler=chen schwirren hoch vor Lust: was sollt' ich nicht mit ih=nen
3. Bächlein, Lerchen, Wald und Feld und Erd' und Him=mel will er=

1. wei=sen in Flur und Wald und Strom und Feld.
2. sin=gen aus vol=ler Kehl' und fri=scher Brust?
3. hal=ten, hat auch mein' Sach' aufs best' be=stellt!

J. v. Eichendorff.
6*

84. Lied des Schützen.

Munter. U. Weber.

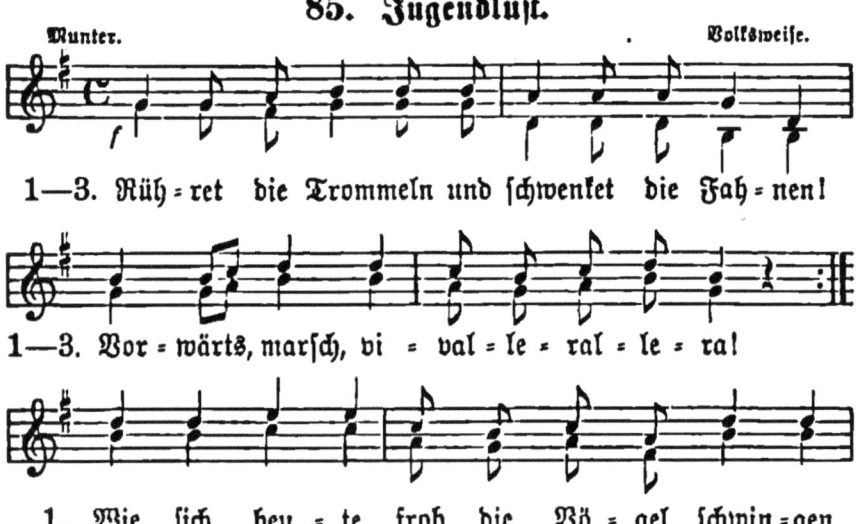

1. Mit dem Pfeil, dem Bo=gen   durch Ge=birg und Thal
2. Wie im Reich der Lüf=te   Kö=nig ist der Weih,—
3. Ihm ge=hört das Wei=te,   was sein Pfeil er=reicht;

1. kommt der Schütz ge=zo=gen   früh am Mor=gen=strahl.
2. durch Ge=birg und Klüf=te   herrscht der Schü=tze frei.
3. das ist sei=ne Beu=te,   was da fleugt und kreucht.

Wiederholung PP

1—3. La=la=la, la=la=la, la=la=la=la; la=la, la=la=la=la=la!

Fr. v. Schiller.

85. Jugendlust.

Munter. Volksweise.

1—3. Rüh=ret die Trommeln und schwenket die Fah=nen!

1—3. Vor=wärts, marsch, bi=val=le=ral=le=ra!

1. Wie sich heu=te froh die Vö=gel schwin=gen
2. Sei ge=grüßt, du heit'=rer, blau=er Him=mel
3. Mit uns freut euch, Bäu=me, säu=selt al=le,

1. mit Ge = fang burch Walb unb Felb,   wol = len wir auch
2. unb bu   mil = ber Son = nen=glanz!   Fro = hes Le = ben,
3. Mai=en = glöck = chen, flie = get brein!   Vög=lein, fingt mit

1. fin = gen   unb fprin = gen   in   bie   wei = te
2. re = ges   Ge = wim = mel,   Blät = ter = fäu = feln,
3. freu = bi = gem   Schal = le,   ftimmt   in   un = fern

1. grü = ne   Welt! ⎫
2. Hal = men=tanz! ⎬ Marfch! Marfch! Marfch!
3. Ju = bel   ein! ⎭

1—3. Hei = fa, wir hal = ten   un = fern fro=hen Gang

1—3. heu = te   mit   Ju = bel=ge = fang unb Klang!

Hoffmann v. Fallersleben.

86. Wanderschaft.

Munter. **Volksweise.**

1. { Der Mai ist ge = kommen, die Bäume schla = gen aus,
   { da blei = be, wer Lust hat, mit Sor = gen zu Haus!

2. { Frisch auf drum, frisch auf im hel = len Son=nen=strahl,
   { wohl ü = ber die Ber = ge, wohl durch das tie = fe Thal!

3. { O Wan = dern, o Wandern, du frei = e Bur=schen-lust!
   { da wehet Got = tes O=dem so frisch in die Brust;

cresc.

1. Wie die Wol=ken dort wan=dern am himm = li = schen
2. Die Quellen er = klin = gen, die Bäume rau = schen
3. da sin = get und jauch=zet das Herz zum Him = mels=

mf

1. Zelt, so steht auch mir der Sinn in die
2. all': mein Herz ist wie 'ne Ler = che und
3. zelt; wie bist du doch so schön, o du

1. wei = te, wei = te Welt.
2. stim = met ein mit Schall.
3. wei = te, wei = te Welt!

Emanuel Geibel.

87. Der Fußgänger.

1. Zu Fuß bin ich gar wohl be = stellt, juch = he! Drum
2. Das Fuß = gehn ist für Tur = ner = leut', juch = he! Dem
3. Das Fuß = gehn ist für Sän = ger = leut', tra = la! Mit

1. wandr' ich durch die wei = te Welt, juch = he! Und
2. Schwächling ist der Weg zu weit, o weh! Bald
3. Blu = men ist ihr Weg be = streut, tra = la! Und

1. wer nicht gut mar = schie = ren kann, der such' sich ei = nen
2. ist er lahm, bald matt und schwach, und wenn es weit geht,
3. wo man fröh = lich ist im Land, das ist den Sängern

1. an = dern Mann, bei mir kommt er nicht an, bei mir kommt
2. schreit er: Ach! und seuf = zend hinkt er nach, und seuf = zend
3. wohl = be = kannt, dort ist ihr Va = ter = land, dort ist ihr

1. er nicht an, juch = he, juch = he, juch = he!
2. hinkt er nach, o weh, o weh, o weh!
3. Va = ter = land, tra = la, tra = la, tra = la!

Hagenbach.

88. Wanderlied.

1. Es, es, es und es, es ist ein har = ter Schluß,
2. Du, du, du und du, leb' wohl, du schö = ner Ort!
3. Ihr, ihr, ihr und ihr, ihr Brü = der, le = bet wohl!

1. weil, weil, weil und weil, weil ich von hin-nen
2. Ich, ich, ich und ich, ich wan = dre trau = rig
3. Euch, euch, euch und euch ein e = wig Le = be-

1. muß! Nun schlag' ich al = les aus dem Sinn und
2. fort! Du hast in dei = nen Stra = ßen oft ver-
3. wohl! Hab' ich euch was zu Leid ge = than, so

1. wen = de mich, Gott weiß, wo = hin? Ich will mein Glück pro-
2. lieh'n mir, was mein Herz ge = hofft! Dein denk' ich stets so
3. fleh' ich um Ver = zei = hung an! Ich will mein Glück pro-

1. bie = ren, mar = schie = ren!
2. ger = ne, von fer = ne!
3. bie = ren, mar = schie = ren.

89. Der Wanderer.

1. Ein Sträußchen am Hu = te, den Stab in   der Hand, geht
2. Da sieht er   am Ber = ge ein Häuschen wohl steh'n, von
3. Ein nied = li = ches Mädchen das re = det ihn an: Sei
4. Da steht er   am Gra = be und schau=et zu = rück; nichts

1. rast = los ein Wandrer von Lan = de   zu   Land.
2. Blu = men um = ge = ben und Trau=ben so   schön.
3. herz = lich will = kom = men, du wan = dern = der Mann!
4. hat er   ge = nos = sen vom ir = bi = schen Glück.

1. Er sieht   so manch' Städtchen, er sieht man=chen
2. Dort könnt's ihm ge = fal = len, dort sehnt er sich
3. Sie sieht ihm ins Au = ge, sie reicht ihm die
4. Und hat er voll = en = det die ir = bi = sche

1. Ort, a = ber fort muß er wie=der, ins Wei = te fort.
2. hin, a = ber fort muß er wie=der, muß wei = ter zieh'n.
3. Hand, a = ber fort muß er wei = ter ins frem = de Land.
4. Bahn, so   tritt er ein' an = de = re Wanderschaft an.

90. Jäger=Marschlied.

Heiter und markiert.   Albert Methfessel

1. Hin = aus in die Fer = ne mit lau = tem
2. Wir hal = ten zu = sam = men, wie treu = e
3. Der Haupt=mann, er le = bel er geht uns
4. Wer woll = te wohl zit = tern vor Tod und

1. Hör = ner = klang! die Stim = men er = he = bet zum
2. Brü = der thun, wenn Tod uns um = to = bet, und
3. kühn vor = an, wir fol = gen ihm mu = tig auf
4. vor Ge = fahr? vor Feig = heit und Schan=de er=

1. männ = li = chen Ge = sang! Der Frei=heit Hauch weht
2. wenn die Waf=fen ruh'n. Uns al = le treibt ein
3. blut' = ger Sie = ges=bahn; er führt uns jetzt zu
4. blei = chet un = sre Schar! Und wer den Tod im

cresc.

1. kräf = tig durch die Welt; ein frei = es, fro = hes
2. rei = ner frei = er Sinn, nach Ei = nem Zie = le
3. Kampf und Müh' hin = aus, er führt uns einst, ihr
4. heil' = gen Kam = pfe fand, ruht auch in frem = ber

1. Le = ben uns wohl = ge = fällt!
2. stre = ben wir al = le hin!
3. Brü = der, ins Va = ter = haus.
4. Er = be im Va = ter = land!

Albert Methfessel.

91. Wanderlied.

C. M. v. Weber.

Mäßig.

1. Die Sonn' er = wacht! Mit ih = rer Pracht er=
2. Mit Sing' und Sang die Welt ent = lang! Wir
3. Der Vö = gel Chor jauchzt froh em = por im

1. füllt sie die Ber = ge, das Thal! O Mor = gen = luft, o
2. fra = gen wo = her nicht, wo = hin? Es treibt uns fort von
3. Wald und auf son = ni = gen Höh'n. Im Mor = gen = tau glänzt

1. Wal = des = duft, o gol = be = ner Son = nen = strahl!
2. Ort zu Ort mit frei = em und fröh = li = chem Sinn!
3. Wald und Au'! Wie ist doch die Welt so schön!

P. A. Wolff.
3. Strophe v. G. Lux.

92. Der Mühlknappe.

C. Zöllner.

Leicht.

1. Das Wan = dern ist des Mül = lers Lust, das
2. Vom Was = ser ha = ben wir's ge = lernt, vom
3. Das seh'n wir auch den Rä = dern ab, das
4. Die Stei = ne selbst, so schwer sie sind, die
5. O Wan = dern, Wan = dern, mei = ne Lust, o

1. Wan = dern ist des Mül = lers Lust, das Wan-
2. Was = ser ha = ben wir's ge = lernt, vom Was=
3. seh'n wir auch den Rä = dern ab, den Rä=
4. Stei = ne selbst, so schwer sie sind, die Stei=
5. Wan = dern, Wan = dern, mei = ne Lust, o Wan=

1. dern! Das muß ein schlech = ter Mül = ler sein, dem
2. ser! Das hat nicht Ruh' bei Tag und Nacht, ist
3. dern! die gar nicht ger = ne stil = le steh'n und
4. ne! sie tan = zen mit den mun = tern Reih'n und
5. dern! Herr Meis = ter und Frau Meis = te = rin, laßt

1. nie=mals fiel das Wandern ein, dem nie=mals fiel das
2. stets auf Wander = schaft be = dacht, ist stets auf Wan=der=
3. sich mein Tag nicht mül = be dreh'n, und sich mein Tag nicht
4. wol=len gar noch schnel=ler sein, und wol=len gar noch
5. mich in Frie=den wei = ter zieh'n, laßt mich in Frie=den

1. Wan-dern ein, das Wan=dern, Wan=dern! Das
2. schaft be=dacht, das Waf-fer, Waf=fer! Das
3. mü=de dreh'n, die Rä=der, Rä=der! Die
4. schnel-ler sein, die Stei=ne, Stei=ne! Sie
5. wei=ter zieh'n und wan=dern, wan=dern! Herr

1. muß ein schlechter Mül=ler sein, dem nie=mals fiel das
2. hat nicht Ruh' bei Tag und Nacht, ist stets auf Wan=ber-
3. gar nicht ger=ne stil=le steh'n und sich mein Tag nicht
4. tan=zen mit den muntern Reih'n und wol=len gar noch
5. Meis=ter und Frau Meiste=rin, laßt mich in Frie=den

1. Wandern ein, das Wandern, das Wandern, das Wandern.
2. schaft be=bacht, das Waf=fer, das Waf=fer, das Waf=fer!
3. mü=de dreh'n, die Rä=ber, die Rä=ber, die Rä=ber!
4. schnel=ler sein, die Stei=ne, die Stei=ne, die Stei=ne!
5. wei=ter zieh'n und wan=bern, und wandern, und wan=bern!

W. Müller.

93. Auf dem Marsche.

Schrittmäßig.
Einzelne.

1—2. O, wie lus = tig läßt sich's jetzt mar = schie = ren in der

Vom Chor wiederholt.   Einzelne.

1. fri = schen, küh = len Mai = en = zeit! Wald und Feld ist grün, und die
2. fri = schen, küh = len Mai = en = zeit! Und mit Sang u. Klang geht's das

1. Blu = men blüh'n, und die Vö = ge = lein sin = gen
2. Thal ent = lang, und im Schritt und Trab frisch berg =

Chor.
mf

1. lieb = lich drein.
2. auf, berg = ab.   } O, wie lus = tig läßt sich's jetzt mar =

cresc.

1—2. schieren in der fri = schen, grü = nen Mai = en = zeit!

Hoffmann von Fallersleben.

94. Wanderlied.

1. Lau = e Lüf = te fühl' ich we = ben, goldner Frühling taut her=
2. Le = be wohl, ich muß dich laf = fen, mein ge = lieb = tes Va = ter=
3. Gott be=hüt' euch, nah' und fer = ne! was sich lie = bet, bleibt ver=

1. ab! Nach der Fer = ne geht mein Stre = ben:
2. haus! muß das frem = de Glück er = faf = fen;
3. eint; denkt beim stil = len A = bend = ster = ne,

1. rei=chet mir den Wander=stab! Wo die wei = ßen Ne = bel
2. hoffend schaut mein Blick hin=aus. Le = ben quillt aus tau = send
3. denkt an den ent=fern=ten Freund! Ei = ne Son = ne strahlt uns

1. stei = gen um der blau = en Ber = ge Rei = gen, dort=hin
2. Bronnen! frisch ge = wagt ist halb ge = won = nen! Gläubig
3. al = len! Laßt mich fröh=lich wei = ter wal=len! Denkt an

1. geht mein Weg hin = ab; rei=chet mir den Wander=stab!
2. zieht der Wandrer aus: Le = be wohl, mein Va=ter=haus!
3. den ent = fern = ten Freund! was sich lie = bet, bleibt ver=eint!

Agnes Franz.

95. Wanderlied.

1. { Wohlauf noch ge = trun = ken den fun = keln = den Wein!
   A = de nun, ihr Lie = ben! ge = schie = den muß sein.

2. { Die Son = ne, sie blei = bet am Him = mel nicht steh'n,
   es treibt sie durch Län = der und Mee = re zu geh'n.

3. { Mit ei = len = den Wol = ken der Vo = gel dort zieht
   und singt in der Fer = ne ein hei = mat = lich Lied.

4. { Da grü = ßen ihn Vö = gel, be = kannt ü = berm Meer,
   sie flo = gen von Flu = ren der Hei = mat hie = her,

5. { Die Vö = gel, die ken = nen sein vä = ter = lich Haus.
   Die Blumen einst pflanzt' er der Lie = be zum Strauß,

1. A = de nun, ihr Ber = ge, du vä = ter = lich Haus! es
2. Die Wo = ge nicht haf = tet am ein = sa = men Strand, die
3. So treibt es den Bur = schen durch Wäl = der und Feld, zu
4. da duf = ten die Blu = men ver = trau = lich um ihn, sie
5. und Lie = be, die folgt ihm, sie geht ihm zur Hand: so

1. treibt in die Fer = ne mich mäch = tig hin = aus. A=
2. Stür = me, sie brau = sen mit Macht durch das Land. Die
3. glei = chen der Mut = ter, der wan = dern = den Welt. So
4. trie = ben vom Lan = de die Lüf = te da = hin, da
5. wird ihm zur Hei = mat das fer = nef = te Land, und

1. be nun, ihr Ber = ge, du vä = ter = lich Haus! es
2. Wo = ge nicht haf = tet am ein = sa = men Strand, die
3. treibt es den Bur=schen durch Wäl = der und Felb, zu
4. duf = ten die Blu =men ver = trau = lich um ihn, sie
5. Lie = be, die folgt ihm, sie geht ihm zur Hand: so

poco rit.

1. treibt in die Fer = ne mich mäctig hin = aus — hin = aus.
2. Stür=me, sie brau = sen mit Macht durch das Land.
3. glei = chen der Mut=ter, der wan=bern=ben Welt.
4. trie = ben vom Lan = be die Lilf = te ba = hin.
5. wird ihm zur Hei=mat das fer = nef = te Land.

a tempo

1—5. Ju = vi = val = le = ra, ju = vi = val = le = ra, ju = vi=

1—5. val=le = ral = le = ral = le = ra! ju = vi = val = le = ra, ju = vi=

1—5. val=le = ra, ju = vi = val = le = ral = le = ral = le = ra!

Juftinus Kerner.

96. Urians Reise um die Welt.

1. Wenn jemand ei = ne Rei = se thut, so kann er was ver=
zäh = len; drum nahm ich mei = nen Stock und Hut und

thät das Rei=sen wäh=len. Da hat er gar nicht ü = bel,

gar nicht ü = bel, gar nicht ü = bel dran ge = than; ver=

zähl' er doch wei = ter, Herr U = ri = an!

2. Zuerst ging's nach dem Nordpol hin; da war es kalt, bei
Ehre! Da dacht' ich denn in meinem Sinn, daß es hier besser wäre.
Da hat er gar nicht übel bran gethan; verzähl' er doch weiter,
Herr Urian!

3. In Grönland freuten sie sich sehr, mich ihres Orts zu sehen, und setzten mir den Thrankrug her; ich ließ ihn aber stehen. Da hat er gar nicht übel 2c.

4. Die Eskimos sind wild und groß, zu allem Guten träge; da schalt ich einen einen Kloß, und kriegte viele Schläge. Da hat er gar nicht übel 2c.

5. Nun war ich in Amerika; da sagt' ich zu mir: „Lieber! Nordwestpassage ist doch da; mach' dich einmal darüber!" Da hat er gar nicht übel 2c.

6. Flugs ich an Bord und aus ins Meer, den Tubus fest gebunden, und suchte sie die Kreuz und Quer, und hab' sie nicht gefunden. Da hat er gar nicht übel 2c.

7. Von hier ging ich nach Mexiko, ist weiter als nach Bremen; da, dacht' ich, liegt das Gold wie Stroh, du sollst 'nen Sack voll nehmen. Da hat er gar nicht übel 2c.

8. Allein, allein, allein, allein, wie kann ein Mensch sich trügen! Ich fand da nichts als Sand und Stein, und ließ den Sack da liegen. Da hat er gar nicht übel 2c.

9. Drauf kauft' ich etwas kalte Kost und Kieler Sprott und Kuchen, und setzte mich auf Extrapost, Land Asia zu besuchen. Da hat er gar nicht übel 2c.

10. Der Mogul ist ein großer Mann und gnädig über Maßen, und klug; er war itzt eben dran, 'nen Zahn ausziehn zu lassen. Da hat er gar nicht übel 2c.

11. Hm! dacht' ich, der hat Zähnepein, bei aller Größ' und Gaben! — Was hilft's denn auch noch, Mogul sein? die kann man so wohl haben. Da hat er gar nicht übel 2c.

12. Ich gab dem Wirt mein Ehrenwort, ihn nächstens zu bezahlen; und damit reist' ich weiter fort nach China und Bengalen. Da hat er gar nicht übel 2c.

13. Nach Java und nach Otaheit, und Afrika nicht minder; und sah bei der Gelegenheit viel Städt' und Menschenkinder. Da hat er gar nicht übel 2c.

14. Und fand es überall wie hier, fand überall 'nen Sparren, die Menschen gerade so wie wir und eben solche Narren! Da hat er übel, übel dran gethan; verzähl' er nicht weiter, Herr Urian!

Matthias Claudius.

7*

Ziemlich lebhaft. **mf**

97. Reiselied.

N. W. Gade.

1. Durch Feld und Bu=chen=hal=len bald singend, bald fröhlich
2. Die Lerch' als Morgen=bo=te sich in die Lüf=te
3. Vom Ber=ge Vög=lein flie=gen und Wol=ken so ge=

1. 'still, recht lus=tig sei vor al=len, wer's
2. schwingt, ei=ne fri=sche Rei=se=no=te durch
3. schwind; Ge=dan=ken ü=ber=flie=gen die

1. Rei=sen wäh=len will! — Wenn's kaum im Os=ten
2. Welt und Herz er=klingt. O Lust, vom Berg zu
3. Vö=gel und den Wind. Die Wol=ken zieh'n her=

1. glüh=te, die Welt noch still und weit: da
2. schau=en weit ü=ber Wald und Strom, hoch
3. nie=der, das Vög=lein senkt sich gleich, Ge=

p

1. weht recht durchs Ge=mü=te die schö=ne Blü=ten=zeit!
2. ü=ber sich den blau=en, tief=kla=ren Himmels=dom!
3. ban=ken geh'n und Lie=der fort bis ins Him=mel=reich.

J. v. Eichendorff.

98. Deutschland über alles.

Mäßig.   mf   J. Haydn.

1. Deutschland, Deutschland ü = ber al = les, ü = ber
   wenn es stets zu Schutz und Trut = ze brü = der=

2. Deut = sche Frau = en, deut=sche Treu = e, deut=scher
   sol = len in der Welt be = hal = ten ih = ren

3. Ei = nig = keit und Recht und Frei = heit für das
   Dar = nach laßt uns al = le stre = ben brü = der=

1. al = les in der Welt;
   lich zu = sam = men = hält,
   von der Maas bis

2. Wein und deut = scher Sang
   al = ten schö = nen Klang,
   uns zu ed = ler

3. deut = sche Va = ter = land:
   lich mit Herz und Hand!
   Ei = nig = keit und

1. an die Me = mel, von der Etsch bis an den Belt.
2. That be = geis = tern un = ser gan = zes Le = ben lang.
3. Recht und Frei = heit sind des Glük = kes Un = ter = pfand.

1. Deutschland, Deutschland ü = ber al = les, ü = ber
2. Deut = sche Frau = en, deut = sche Treu = e, deut=scher
3. Blüh' im Glan = ze die = ses Glük=kes, blü = he,

1. al = les in der Welt!
2. Wein und deut = scher Sang!
3. deut = sches Va = ter = land!

Hoffmann von Fallersleben.

98a. Dem Landesherrn.
(Nach voriger Melodie.)

1. Gott erhalte unsern Fürsten, unsern edlen Landesherrn!
Mit des Vaterherzens Güte wendet er auf uns den Blick, und des
Segens reichste Blüte spendet er, das höchste Glück. Gott erhalte
unsern Fürsten, unsern edlen Landesherrn!

2. Säulen seines Ruhms sind Milde, Biedersinn und Red=
lichkeit, und von seinem Wappenschilde strahlet die Gerechtigkeit;
drum durch blühende Gefilde tönt es jubelnd weit und breit: „Gott
erhalte unsern Fürsten, unsern edlen Landesherrn!"

99. Die deutsche Eiche.

1. Frei und un = er = schüt = ter = lich wach=sen un = sre
2. Wie die Ei = chen him = mel = an troß den Stür=men
3. Dar=um sei der Ei = chen=baum un = ser Bun = des=

1. Ei = chen; mit dem Schmuck der grü = nen Blät = ter
2. stre = ben, wol=len wir auch ih = nen glei = chen,
3. zei = chen: daß in Tha = ten und Ge = dan = ken

1. steh'n sie fest in Sturm und Wet = ter, wan=ken nicht noch
2. frei und fest wie deut = sche Ei = chen un = ser Haupt er=
3. wir nicht schwanken o = der wan=ken, nie=mals mut = los

1. wei = chen, wan = ken nicht noch wei = chen.
2. he = ben, un = ser Haupt er = he = ben.
3. wei = chen, nie=mals mut = los wei = chen.

Hoffmann von Fallersleben.

100. Heil dir im Siegerkranz.

Mäßig.   John Bull.

1. Heil dir im Sie-ger-kranz, Herrscher des Va-ter-lands!
2. Nicht Roß und Rei-si-ge si-chern die stei-le Höh',
3. Hei-li-ge Flamme, glüh', glüh' und er-lö-sche nie
4. Handlung und Wis-sen-schaft he-be mit Mut und Kraft
5. Sei, Kai-ser Wilhelm, hier lang' dei-nes Vol-kes Zier,

1. Heil, Kai-ser, dir! Fühl' in des Thro-nes Glanz
2. wo Für-sten steh'n; Lie-be des Va-ter-lands,
3. fürs Va-ter-land! Wir al-le ste-hen dann
4. ihr Haupt em-por! Krie-ger- und Hel-den-that
5. der Menschheit Stolz! Fühl' in des Thro-nes Glanz

1. die ho-he Won-ne ganz: Lieb-ling des
2. Lie-be des frei-en Manns grün-bet den
3. mu-tig für Ei-nen Mann, käm-pfen und
4. fin-de ihr Lor-beer-blatt treu auf-ge-
5. die ho-he Won-ne ganz: Lieb-ling des

1. Volks zu sein! Heil, Kai-ser, dir!
2. Herr-scher-thron wie Fels im Meer.
3. blu-ten gern für Thron und Reich.
4. ho-ben dort an bei-nem Thron!
5. Volks zu sein! Heil, Kai-ser, dir!

100a. Den König segne Gott.
(Nach voriger Melodie.)

1. Den König segne Gott, den er zum Heil uns gab, ihn segne Gott! Ihn schmücke Ruhm und Ehr', ihn flieh' der Schmeichler Heer; Weisheit steh' um ihn her. Ihn segne Gott!

2. Gieb ihm gut Regiment, dem Lande Fried' und Ruh', den Waffen Sieg! Er ist gerecht und gut in allem, was er thut, schont seiner Völker Blut. Ihn segne Gott!

3. Wie Kinder liebt er uns als Vater seines Volks, er unsre Lust. Wir sollen glücklich sein. Von uns geliebt zu sein, kann nur sein Herz erfreu'n. Ihn segne Gott!

4. Auf, bied're Männer, schwört, dem König treu und fromm und gut zu sein! Eintracht sei unser Band; dies schwöret Hand in Hand! Dann singt das ganze Land: Ihn segne Gott!

Mahlmann.

101. Gelübde.

1. Ich hab' mich er-ge-ben mit Herz und mit Hand dir
2. Mein Herz ist ent-glommen, dir treu zu-ge-wandt, du
3. Will hal-ten und gläu-ben an Gott fromm und frei; will,
4. Ach Gott, thu' er-he-ben mein jung' Her-zens-blut zu
5. Laß Kraft mich er-wer-ben in Herz und in Hand, zu

1. Land voll Lieb' und Le-ben, mein deut-sches Va-ter-land;
2. Land der Frei'n und Frommen, du herr-lich' Hermannsland,
3. Va-ter-land, dir blei-ben auf e-wig fest und treu,
4. fri-schem, freud'gem Le-ben, zu frei-em, from-mem Mut,
5. le-ben und zu ster-ben fürs heil'-ge Va-ter-land,

1. dir Land voll Lieb' und Le-ben, mein deutsches Va-ter-land!
2. du Land der Frei'n und Frommen, du herrlich' Hermannsland!
3. will, Va-ter-land, dir blei-ben auf e-wig fest und treu!
4. zu fri-schem, freud'gem Le-ben, zu frei-em, frommem Mut!
5. zu le-ben und zu ster-ben fürs heil'ge Va-ter-land!

Maßmann.

102. Deutsches Bundeslied.

1. Al = les schweige! Je = der nei = ge ern = sten
2. Deutsch=lands Söh = ne, laut er = tö = ne un = fer
3. Hab' und Le = ben dir zu ge = ben, sind wir
4. Lied der Lie = der, hall' es wie = der: groß und

(Alle wiederholen.)   Einzelne.

1. Tö = nen nun fein Ohr!   Hört, ich sing' das
2. Va = ter = lands=ge = fang!   Dem Be = glük=ter
3. al = le = famt be = reit: fter = ben gern zu
4. deutsch fei un = fer Mut!   Al = le feid in

1. Lied der Lie = der! hört es, mei = ne deutschen Brü=der!
2. fei = ner Staa=ten, dem Voll=en = der gro=ßer Tha=ten
3. je = der Stun=de, ach = ten nicht der To=des=wun=de,
4. Lieb' um=schlungen, al = le Stäm=me deutscher Zun=gen,

(Alle wiederholen.)

1. Hall' es wie = der fro = her Thor!
2. tö = ne un = fer Rund=ge = fang!
3. wenn das Va = ter = land ge = beut.
4. all' ver = wandt durch Bru = der = blut!

103. Freiheit.

Langsam.

Carl Groos.

1. Frei = heit, die ich mei = ne, die mein Herz er = füllt,
2. Auch bei grü = nen Bäu = men in dem luft'=gen Wald,
3. Wo sich Got = tes Flam=me in ein Herz ge = senkt,
4. Für die Kir=chen=hal = len, für der Vä = ter Gruft,
5. Wol=lest auf uns len = ken Got=tes Lieb' und Luft,

1. komm mit dei = nem Schei=ne, sü = ßes En = gel = bild!
2. un = ter Blü=ten=träu=men ist dein Auf = ent = halt.
3. das am al = ten Stam=me treu und lie = bend hängt;
4. für die Lieb=sten fal = len, wenn die Frei=heit ruft:
5. wol=lest gern dich sen = ken in die deut=sche Brust!

cresc.

1. Magst du nie dich zei = gen der be = dräng=ten Welt?
2. Ach, das ist ein Le = ben, wenn es weht und klingt,
3. wo sich Män=ner fin = den, die für Ehr' und Recht
4. das ist rech = tes Glü = hen, frisch und ro = sen = rot;
5. Frei=heit, hol=des We = sen, gläu=big, kühn und zart,

1. süh = rest bei = nen Rei = gen nur am Ster=nen = zelt?
2. wenn dein stil = les We = ben won=nig uns durch=dringt!
3. mu = tig sich ver=bin = den, weilt ein frei Ge = schlecht.
4. Hel=den=wan=gen blü = hen schö = ner auf im Tod.
5. hast ja lang er = le = sen dir die deut=sche Art.

Max v. Schenkendorf.

104. Gebet fürs Vaterland.

Feierlich.   A. Lwoff.

1. Va = ter, wir fle = hen dich! Wen = de be = hü = tend
2. Aus bei = nem Va = ter = sinn flie = ße der Un = schuld,
3. Reich bei = ne star - ke Hand hilf = reich dem Mu - te,

1. gnä - dig her = nie = der den Se = gens = blick!
2. flie = ße der Ju = gend er = frisch = te Kraft!
3. treu zu be - schüt = zen das höch = ste Gut!

1. Schau = e sie freund=lich an, bei = ner Flu = ren
2. Sieh un = srer Hoff = nung Saat! Aus Ge = wit = ter=
3. Siehst un = srer Söh = ne Schar kühn zu Tha=ten

1. Kro = ne! Mil = de be=schirm' un = ser Hei = mat=land!
2. näch = ten wa = che sie auf, neu ge=stärkt von dir!
3. schrei=ten, stärk' ih = ren Arm für das Va = ter = land!

H. Grunholzer.

105. Erwacht.

Ernst, schrittmäßig.   Fr. Silcher.

1. Der al = te Bar = ba = ros = sa ist
2. Er ruft mit lau = ter Stim = me: „Ver=
3. Mit wun = der = hel = lem Blik = ke der
4. Mit sei = nem treu = en Her = zen und
5. „Du drei = mal sel' = ge Kun = del" der
6. „des deut = schen Vol = kes Fein = de, die
7. „sie müs = sen wie = der kom = men, wie
8. „Komm, Kna = be, laß uns ru = fen durchs

1. end = lich auf = ge = wacht aus sei = nem tie = fen
2. kün = de mir, o Zwerg, wer hat die schwar=zen
3. Kna = be thut ihm kund, der Preu = ßen = kö = nig
4. sei = nem fes = ten Blick brach er den deut = schen
5. Bar = ba = ros = sa ruft, „er = stan = den ist mein
6. von des Kai = sers Haupt die deut=sche Kai = ser=
7. einst zu mei = ner Zeit, und sich be = mü = tig
8. gan = ze deut = sche Land: Der Deutschen Schirm und

1. Schla = fe nach lan = ger finst = rer Nacht, aus
2. Ra = ben ver = trie = ben von dem Berg, wer
3. Wil = helm schlug sie zu die = ser Stund', der
4. Nat = tern auf e = wig das Ge = nick, brach
5. Deutsch=land aus sei = ner düs = tern Gruft, er=
6. tro = ne so fre = vent = lich ge = raubt, die
7. beu = gen vor Deutschlands Herr = lich = keit, und
8. Scep = ter ist in der Zol = lern Hand, der

1. fei = nem tie = fen Schla = fe nach lan = ger finſt = rer
2. hat die ſchwarzen Ra = ben ver = trie = ben von dem
3. Preu = ßen = kö = nig Wil = helm ſchlug ſie zu bie = ſer
4. er ben deut = ſchen Nat = tern auf e = wig das Ge =
5. ſtan = den iſt mein Deutſchland aus ſei = ner büſ = tern
6. deut = ſche Kai = ſer = tro = ne ſo fre = vent = lich ge =
7. ſich be = mü = tig beu = gen vor Deutſchlands Herrlich =
8. Deutſchen Schirm und Scep = ter iſt in der Zol = lern

1. Nacht, nach lan = ger finſt = rer Nacht.
2. Berg, ver = trie = ben von dem Berg?"
3. Stunb', ſchlug ſie zu bie = ſer Stunb'.
4. nick, auf e = wig das Ge = nick.
5. Gruft, aus ſei = ner büſ = tern Gruft; -
6. raubt, ſo fre = vent = lich ge = raubt:
7. keit, vor Deutſchlands Herr = lich = keit.
8. Hanb, iſt in der Zol = lern Hanb."

106. Der alte Barbaroſſa.

Ernſt.

1. Der al = te Bar = ba = roſ = ſa, der Kai = ſer Frie = be = rich,
2. Er hat hin = ab = ge = nom = men des Rei = ches Herrlich = keit
3. Sein Bart iſt nicht von Flach = ſe, er iſt von Feu = ers = glut,
4. Er ſpricht im Schlaf zum Knaben: „Geh' hin vors Schloß, o Zwerg,

1. im un=ter=irb'=ſchen Schloſſe hält er ver=zau=bert
2. und wird einſt wie=der=kom=men mit ihr zu ſei=ner
3. iſt durch den Tiſch ge=wach=ſen, wor=auf ſein Kinn aus=
4. und ſieh, ob noch die Ra=ben her=flie=gen um den

1. ſich. Er iſt nie=mals ge=ſtor=ben, er
2. Zeit. Der Stuhl iſt el=fen=bei=nern, dar=
3. ruht. Er nickt als wie im Trau=me, ſein
4. Berg. Und wenn die al=ten Ra=ben noch

1. lebt dar=in noch jetzt; er hat im Schloß ver=
2. auf der Kai=ſer ſitzt; der Tiſch iſt mar=mel=
3. Aug', halb of=fen, zwinkt, und je nach lan=gem
4. flie=gen im=mer=dar, ſo muß ich auch noch

1. bor=gen zum Schlaf ſich hin=ge=ſetzt.
2. ſtei=nern, wor=auf ſein Haupt er ſtützt.
3. Rau=me er ei=nen Kna=ben winkt.
4. ſchla=fen ver=zau=bert hun=dert Jahr."

Fr. Rückert.

107. Dem Kaiſer.

Friſch.   C. F. Zelter.

1. Dem Kai=ſer ſei mein er=ſtes Lied, ihm kling' der
2. Wie mei=nen Va=ter lieb' ich ihn bis zu dem
3. Er iſt mein Kai=ſer und mein Held aus herr=li=

1. er = ſte Klang! Des Va = ter = lan = des Schirm und
2. letz = ten Hauch. Was gilt's, wenn er mein Kai = ſer
3. chem Ge = ſchlecht; und wenn er lau = tes Lob ver=

1. Hort preiſ' ich mit lau = tem Sang. Sein Na = me füllt mit
2. iſt, mein Va = ter iſt er auch. Er blickt von ſei=nem
3. ſchmäht, ſo preiſ' ich ihn erſt recht. Er iſt meinKai=ſer

1. re = ger Luſt jed = we = des Deut=ſchen treu = e Bruſt! Der
2. Hel=den=thron mit Luſt auf je = den Deutſchenſohn. Der
3. und mein Mann, drum ſing' ich, was ich ſin = gen kann: Der

1—3. Kai = ſer le = be hoch! der Kai = ſer le = be

1—3. hoch! der Kai = ſer le = be hoch!

108. Unſer Vaterland.

Mäßig.   H. G. Nägeli.

Einzeln.

1. Kennt ihr das Land, ſo wun = der = ſchön in
2. Kennt ihr das Land, vom Tru = ge frei, wo
3. Kennt ihr das Land, wo Sitt = lich = keit im
4. Heil dir, du Land, ſo hehr und groß vor

1. ſei = ner Ei = chen grü = nem Kranz? das Land, wo
2. noch das Wort des Man = nes gilt? das gu = te
3. Krei = ſe fro = her Men = ſchen wohnt? das heil' = ge
4. al = len auf dem Er = den = rund! Wie ſchön ge=

cresc.

1. auf den ſanf = ten Höh'n die Trau = be reift im
2. Land, wo Lieb' und Treu' den Schmerz des Er = ben=
3. Land, wo un = ent = weiht der Glau = be an Ver=
4. beißt in dei = nem Schoß der ed = lern Frei = heit

Alle.

1. Son = nen = glanz? Das ſchö = ne Land iſt
2. le = bens ſtillt? Das gu = te Land iſt
3. gel = tung thront? Das heil' = ge Land iſt
4. ſchö = ner Bund! Drum wol = len wir dir

1. uns be = kannt, es ist das deut = sche Va = ter = land.
2. uns be = kannt, es ist das deut = sche Va = ter = land.
3. uns be = kannt, es ist ja un = ser Va = ter = land.
4. Lie = be weih'n und dei = nes Ruh = mes wür = big sein!

Leonhard Wächter.

109. Vaterlandslied.

Mit Feuer und Kraft.   A. Methfessel.

1. Der Gott, der Ei = sen wach = sen ließ, der
2. So wol = len wir, was Gott ge = wollt, mit
3. O Deutsch=land, heil' = ges Va = ter = land! o
4. Laßt brau = sen, was nur brau = sen kann, in
5. Laßt klin = gen, was nur klin = gen kann, die
6. Laßt we = hen, was nur we = hen kann, Stan=

1. woll = te kei = ne Knech = te, drum gab er Sä = bel,
2. rech = ten Treu = en hal = ten, und nim = mer im Ty=
3. deut=sche Lieb' und Treu = e! Du ho = hes Land! du
4. hel = len lich = ten Flam = men! ihr Deut=schen, al = le
5. Trommeln und die Flö = ten! wir wol = len heu = te
6. bar = ten weh'n und Fah = nen! wir wol = len heut' uns

1. Schwert und Spieß dem Mann in sei = ne Rech = te,
2. ran = nen = sold die Men = schen=schä = del spal = ten;
3. schö = nes Land! wir schwö = ren dir aufs neu = e:
4. Mann für Mann, zum heil' = gen Krieg zu = sam=men!
5. Mann für Mann mit Blut das Ei = sen rö = ten,
6. Mann für Mann zum Hel = den = to = be mah=nen.

Schwalm, Schulliederbuch.   8

p *cresc.* *f*

1. brum gab er ihm den küh = nen Mut, den Zorn der frei = en
2. doch wer für Tand und Schan=de ficht, den hau = en wir in
3. Dem Bu=ben und dem Knecht die Acht! den spei=sen Kräh'n und
4. und hebt die Her = zen him = mel = an und him=mel=an die
5. mit Hen=ker= und mit Knech=te = blut, o sü = ßer Tag der
6. Auf! flie = ge, ho = hes Siegs=pa = nier, vor=an dem küh = nen

ff

1. Re = be, das er be = stän = de bis aufs
2. Scher=ben, der soll im deut=schen Lan = be
3. Ra = ben! So zieh'n wir aus zur Her=manns=
4. Hän = be, und ru = fet al = le Mann für
5. Ra = che! das klin=get al = len Deut = schen
6. Rei = hen! wir sie = gen o = ber ster = ben

1. Blut, bis in ben Tod die Feh = ble!
2. nicht mit beut = schen Män = nern er · = ben.
3. schlacht und wol = len Ra = che ha = ben.
4. Mann: Die Knechtschaft hat ein En = be!
5. gut, bas ist die gro = ße Sa = che!
6. hier den sü = ßen Tod der Frei = en.

E. M. Arnbt.

110. Gruß aus Vaterland.

Mäßig bewegt. R. Wilhelm.

mf

3/4

1. { Mein Va = ter = land, bu schö = nes Land!
   bir schlägt mein Herz am fer = nen Strand,
2. { O Va = ter = land, bu teu = res Land,
   treu bleibt mein Herz bir zu = ge = wandt,
3. { O Va = ter = land, bu frei = es Land!
   Treu bleibt mein Herz bir zu = ge = wandt,

1. { dich grü=ßen mei=ne Lie=der,
   nach dir sehnt es sich wie=der. }
   Es fra=get laut im

2. { mit bei=nen grü=nen Ei=chen,
   es kann von dir nicht wei=chen. }
   Dir bringet je=der

3. { Du Land der Lieb' und Treu=e!
   dir weih' ich mich aufs neu=e, }
   und schwör' es laut mit

1. frem=den Land: Wann seh' ich dich, mein Va=ter=land?
2. Mor=gen=strahl der Lie=be Gruß viel tau=send=mal.
3. Herz und Hand, dir treu zu sein, mein Va=ter=land!

1. Es fra=get laut im fer=nen Land: Wann seh' ich
2. Dir brin=get je=der Mor=gen=strahl der Lie=be
3. Und schwör' es laut mit Herz und Hand, bir treu zu

1. dich, mein Va=ter=land?
2. Gruß viel tau=send=mal.
3. sein, mein Va=ter=land!

111. Preußenlied.

Feurig.   H. A. Neithardt.

1. Ich bin ein Preu = ße, kennt ihr mei = ne
2. Mit Lieb' und Treu = e nah' ich mich dem
3. Nicht je = der Tag kann glüh'n im Son = nen=
4. Und wenn der bö = se Sturm mich wild um=
5. Wo Lieb' und Treu' sich so dem Kö = nig

1. Far = ben? Die Fah = ne schwebt mir weiß und schwarz vor=
2. Thro=ne, von wel = chem mild zu mir mein Va = ter
3. lich = te, ein Wölk=chen und ein Schau=er kommt zur
4. sau = set, die Nacht ent = bren = net in des Blit = zes
5. wei = hen, wo Fürst und Volk sich rei = chen so die

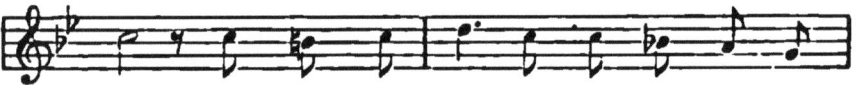

1. an. Daß für die Frei = heit mei = ne Vä = ter
2. spricht; und wie der Va = ter treu mit sei = nem
3. Zeit; drum le = se kei = ner mir es im Ge=
4. Glut; hat's auch schon är = ger in der Welt ge=
5. Hand, da muß des Vol = kes wah=res Glück ge=

1. star = ben, das beu = ten, merkt es, mei = ne
2. Soh = ne, so steh' ich treu mit ihm und
3. sich = te, daß nicht der Wün = sche je = der
4. brau = set, nur was nicht beb = te, war der
5. bei = hen, da blüht und wächst das schö = ne

1. Far = ben an. Nie werb' ich bang' ver-
2. wan = fe nicht. Fest sind der Lie = be
3. mir ge = deiht. Wohl tausch=ten nah und
4. Preu = ßen Mut. Mag Fels und Ei = che
5. Va = ter = land. So schwö = ren wir aufs

1. za = gen; wie je = ne will ich's wa = gen;
2. Van = de: Heil mei = nem Va = ter = lan = de!
3. fer = ne mit mir gar vie = le ger = ne.
4. split = tern, ich wer = de nicht er = zit = tern;
5. neu = e dem Kö = nig Lieb' und Treu = e!

1. sei's trü = ber Tag, sei's heit'=rer Son = nen = schein:
2. Des Kö = nigs Ruf bringt in das Herz mir ein:
3. Ihr Glück ist Trug und ih = re Frei = heit Schein:
4. es stürm' und krach', es blit = ze wild dar = ein:
5. Fest sei der Bund! ja, schla=get mu = tig ein!

1—4. Ich bin ein Preu=ße, will ein Preu=ße sein!
5. Wir sind ja Preu=ßen, laßt uns Preu=ßen sein!

R. Th. Schneider.

112. Deutsches Weihelied.

Frisch und kräftig.   A. Methfessel.

1. Stimmt an mit hel = lem ho = hen Klang, stimmt
2. Der al = ten Bar = den Va = ter = land, dem
3. Zur Ah = nen = tu = gend wir uns weih'n, zum
4. Die Bar = den fol = len Lieb' und Wein, doch
5. Ihr Kraft = ge = sang soll him = mel = an mit

1. an das Lied der Lie = der, des Va = ter = lan = des
2. Va = ter = land der Treu = e, dir, frei = es, un = be =
3. Schut = ze bei = ner Hüt = ten; wir lie = ben deut = sches
4. öf = ter Tu = gend prei = sen, und fol = len bied = re
5. Un = ge = stüm sich rei = ßen, und je = der ech = te

1. Hoch = ge = sang; das Wald = thal hall' es wie = der!
2. zwungnes Land, dir weih'n wir uns aufs neu = e!
3. Fröh = lich = sein und al = te deut = sche Sit = ten.
4. Män = ner sein in Tha = ten und in Wei = sen.
5. deut = sche Mann soll Freund und Bru = der hei = ßen!

M. Claudius.

113. Kaiser Wilhelm.

Kräftig.   Einzelne.   H. Marschner.

1. Wer ist der grei = se Sie = ges = held, der
2. Wer hat für dich in blut' = ger Schlacht be=

1. uns zu Schuß und Wehr fürs Va = ter = land zog
2. siegt den ärg = sten Feind? Wer hat dich groß und

1. in das Feld mit Deutsch=lands gan = zem Heer?
2. stark ge = macht, dich brü = der = lich ge = eint?

1. Wer ist es, der vom Va = ter = land den
2. Wer ist, wenn je ein Feind noch droht, dein

1. schön=sten Dank em = pfing, vor Frank=reichs Hauptstadt
2. bes = ter Hort und Schuß? Wer geht für dich in

1. sieg = reich stand und heim als Kai = ser ging?
2. Kampf und Tod, der gan = zen Welt zu Truß?

Bei der Wiederholung alle.

1—2. Du eb = les Deutschland, freu = e dich, dein

1—2. Kai = ser hoch und rit = ter = lich, dein Wil = helm, dein

1—2. Wil = helm, dein Kai = ser Wil = helm ist's!

Hoffmann von Fallersleben.

114. Die Wacht am Rhein.

R. Wilhelm.

Marſch.

1. Es brauſt ein Ruf wie Don = ner = hall, wie
2. Durch Hun = dert = tau = ſend zuckt es ſchnell, und
3. Er blickt hin = auf in Him = mels = au'n, da
4. So = lang' ein Trop = fen Blut noch glüht, noch
5. Der Schwur er = ſchallt, die Wo = ge rinnt, die

1. Schwertge = klirr und Wo = gen = prall: zum Rhein, zum
2. al = ler Au = gen blit = zen hell; der Deut = ſche
3. Hel = den = vä = ter nie = der = ſchau'n, und ſchwört mit
4. ei = ne Fauſt den De = gen zieht, und noch ein
5. Fah = nen flat = tern hoch im Wind: am Rhein, am

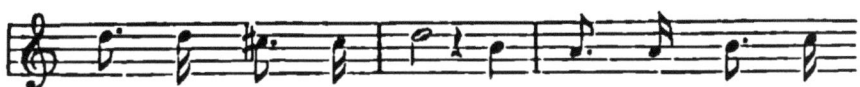

1. Rhein, zum deut = schen Rhein! wer will des Stro = mes
2. bie = ber, fromm und stark, be = schützt die heil' = ge
3. stol = zer Kam = pfes = luft: du, Rhein, bleibst deutsch wie
4. Arm die Büch = se spannt, be = tritt kein Feind hier
5. Rhein, am deut = schen Rhein, wir al = le wol = len

1. Hü = ter sein?
2. Lan = bes = mark.
3. mei = ne Bruft! } Lieb' Va = ter = land, magst ru = hig
4. bei = nen Strand!
5. Hü = ter sein!

1—5. sein, lieb' Va = ter = land, magst ru = hig sein;

1—5. fest steht und treu die Wacht, die Wacht am Rhein!

1—5. fest steht und treu die Wacht, die Wacht am Rhein!

Max Schneckenburger.

115. Das treue deutsche Herz.

J. Otto.

Gemäßigt.

1. Ich kenn' ein'n hel = len E = del = stein von
2. Für Pflicht und Recht, für Wahr = heit, Ehr' flammt
3. Wohl weiß ich noch ein gu = tes Wort, für
4. Nimm, Gott, mir al = les, was ich hab', ich

1. treff = lich ho = her Art, in ei = nem stil = len
2. heiß es al = le Zeit, voll Kraft und Mut schlägt's
3. das es heiß ent = brannt, das ist sein höch = ster,
4. geb' es freu = dig hin, nur laß mir dei = ne

1. Käm = mer = lein, da liegt er gut ver = wahrt, da liegt er
2. hoch und hehr, für Tu = gend, Frömmig = keit, für Tu = gend,
3. heil' = ger Hort, das teu = re Va = ter = land, das teu = re
4. schön = ste Gab', den treu = en deut = schen Sinn, den treu = en

1. gut verwahrt. Kein De = mant ist, der die = sem gleicht, so
2. Frömmig = keit. Nicht schrek = ket es der Men = schen Spott, es
3. Va = ter = land. Treu hängt's an ihm, ver = rät es nicht, selbst
4. deut = schen Sinn. Dann bin ich hoch be = glückt und reich, kein

1. weit der lie = be Him=mel reicht, so weit der lie-
2. traut al = lein dem lie = ben Gott, es traut al = lein
3. wenn's in To = des=schmerzen bricht, selbst wenn's in To-
4. Fürst auf Er = ben kommt mir gleich, kein Fürst auf Er-

mf   *p dolce.*

1. be Him = mel reicht. Die Men=schen=brust ist's
2. dem lie = ben Gott; der gan = ze Him = mel,
3. des=schmer=zen bricht. Kein schön'=rer Tod auch
4. den kommt mir gleich. Und soll mein Leib be-

1. Käm=mer = lein, da leg=te Gott so tief hin=ein den
2. klar und rein, er spie=gelt sich im lich=ten Schein, im
3. kann es sein, als froh dem Va=ter=land zu weih'n den
4. gra = ben sein, dann setz' in dei = nen Him=mel ein den

mf

1. schö = nen, hel = len E = del=stein, das treu = e, das
2. schö = nen, hel = len E = del=stein, im treu = en, im
3. schö = nen, hel = len E = del=stein, das treu = e, das
4. schö = nen, hel = len E = del=stein, mein treu = es, mein

1. treu = e deut = sche Herz.
2. treu = en deut = schen Herz.
3. treu = e deut = sche Herz.
4. treu = es deut = sches Herz.

J. Otto d. j.

116. Das deutsche Vaterland.

Fest und entschlossen.   Joh. Cotta.

	ist's
	ist's
1—5. Was ist des Deut=schen Va=ter=land?	ist's
	So
	So

1. Preu=ßen=land? ist's Schwabenland? ist's, wo am Rhein die
2. Bay=er=land? ist's Stei=er=land? ist's, wo der Mar=fen
3. Pom=mer=land, West=fa=len=land? ist's, wo der Sand der
4. nen=ne mir das gro=ße Land! Ist's Land der Schweizer,
5. nen=ne mir das gro=ße Land! Ge=wiß es ist das

1. Re=be blüht? ist's, wo am Belt die Mö=we zieht?
2. Rind sich streckt? ist's, wo der Mär=ker Ei=sen reckt?
3. Dü=nen weht? ist's, wo die Do=nau brau=send geht?
4. ist's Ti=rol? das Land und Volk ge=fiel mir wohl!
5. Öf=ter=reich, an Sie=gen und an Eh=ren reich!

1—5. O nein, o nein, o nein, o nein! sein Va=ter=

Etwas lebhafter.

1—5. land muß grö=ßer sein!

6. Was ist des Deutschen
7. Das ist des Deutschen
8. Das gan=ze Deutschland

6. Va=ter=land? So nen=ne end=lich mir das Land! So
7. Va=ter=land: wo Ei=de schwört der Druck der Hand, wo
8. soll es sein! O Gott, vom Him=mel sieh dar=ein! Und

6. weit die deut=sche Zun=ge klingt und Gott im Him=mel
7. Treu=e hell im Au=ge blitzt und Lie=be warm im
8. gieb uns ech=ten deut=schen Mut, daß wir es lie=ben

6. Lie=der singt: Das soll es sein, das soll es
7. Her=zen sitzt! Das soll es sein, das soll es
8. treu und gut! Das soll es sein, das soll es

6. sein! Das, wack=rer Deut=scher, nen=ne dein!
7. sein! Das, wack=rer Deut=scher, nen=ne dein!
8. sein! Das gan=ze Deutschland soll es sein! E. M. Arndt.

117. Vaterlandssänger.

Marschmäßig.   J. H. Stunz.

1. Auf, ihr Brü = der! laßt uns wal = len in den
2. In der mächt' = gen Ei = chen Rau = schen mi = sche
3. Ü = ber = all in deut = schen Lan = den blü = het
4. Sei ge = grüßt, du Fest der Lie = der, strö = me

1. gro = ßen heil' = gen Dom, laßt aus tau = send Keh = len
2. sich der deut = sche Sang, daß der al = ten Geis = ter
3. präch = tig der Ge = sang, der aus tief = ster Brust ent =
4. Freud' und Se = gen aus, daß die Scha = ren trau = ter

1. schal = len des Ge = sangs le = bend' = gen Strom, laßt aus
2. Lau = schen sich er = freu' am al = ten Klang, daß der
3. stan = den kün = det laut des Her = zens Drang, der aus
4. Brü = der keh = ren froh ins Va = ter = haus, daß die

cresc.

1. tau = send Keh = len schal = len des Ge = sangs le = bend' = gen
2. al = ten Geis = ter Lau = schen sich er = freu' am al = ten
3. tief = ster Brust ent = stan = den kün = det laut des Her = zens
4. Scha = ren trau = ter Brü = der keh = ren froh ins Va = ter =

1. Strom. Wenn die Tö = ne sich ver = schlin = gen, knüp = fen
2. Klang. Deutsches Lied tön' ih = nen Kun = de fort und
3. Drang. Deutsches Lied, aus deut = schen Her = zen. tö = ne
4. haus. Nun wohl = an denn, Deutschlands Söh = ne! laßt uns

1. wir das Bru = der = band, auf zum Himmel Wünsche brin = gen
2. fort vom deutschen Geist, der im tausendstimm'gen Bun = de
3. fort von Mund zu Mund; hemm' die Kla = gen, heil' die Schmerzen,
4. fei = ern Hand in Hand, und die fro = he Kun = de tö = ne

1. für das deutsche Va = ter = land, auf zum Him = mel Wünsche
2. sei = ne al = ten Hel = den preist, der im tau = send = stimm'gen
3. knüp = fe frei = er Männer Bund, hemm' die Kla = gen, heil' die
4. durch das wei = te Va = ter = land, und die fro = he Kun = de

1. brin = gen, brin = gen für das deut = sche Va = ter = land.
2. Bun = de, Bun = de sei = ne al = ten Hel = den preist.
3. Schmerzen, Schmerzen, knüp = fe frei = er Män = ner Bund.
4. tö = ne, tö = ne durch das wei = te Va = ter = land.

118. Der deutsche Rhein.

Kräftig.   Rob. Schumann.

1. u. 2. Sie sol=len ihn nicht ha=ben, den frei = en beut=schen

1. Rhein, ob sie wie gier'=ge Ra=ben sich hei=ser dar = nach
2. Rhein, so=lang' sich Her=zen la = ben an sei=nem Feu = er=

1. schrei'n! So=lang' er ru = hig wal=lend sein grünes Kleid noch
2. wein! So=lang' in sei=nem Stro=me noch sest die Fel=sen

1. trägt, so = lang' ein Ru=der fal = lend in sei= ne Wo=gen
2. steh'n, so = lang' sich ho=he Do = me in sei=nem Spie=gel

1. schlägt!   } Sie sol=len ihn nicht ha=ben, den frei= en deutschen
2. seh'n!

1. Rhein, sie sol=len ihn nicht ha=ben, den frei=en beut=schen
2. Rhein, bis sei= ne Flut be = gra=ben des letzten Manns Ge=

1. Rhein.
2. = = bein, des letz = ten Manns Ge = bein.

Nikoláus Becker.

119. Reiters Morgengesang.

Mäßig.　　　　　　　　　　　　　　　Volksweise.

1. Mor = gen = rot! Morgen = rot! leuch=test mir zum frü = hen
2. Kaum ge=dacht, kaum ge=dacht, war der Luft ein End' ge=
3. Ach, wie bald, ach, wie bald, schwindet Schönheit und Ge=
4. Dar = um still, dar=um still, füg' ich mich, wie Gott es

1. Tod?　Bald wird die Trom=pe = te bla = sen,
2. macht!　Ge = stern noch auf stol = zen Ros = sen,
3. stalt!　Prahlst du gleich mit dei = nen Wan = gen,
4. will.　Nun, so will ich wak = ker strei = ten,

1. dann muß ich mein Le = ben laf = sen, ich und
2. heu = te durch die Bruft ge = schof = sen, mor = gen
3. die wie Milch und Pur = pur pran = gen: ach, die
4. und follt' ich den Tod er = lei = ben, stirbt ein

1. man = cher Ka = me = rad!
2. in das küh = le Grab!
3. Ro = fen wel = ken all'!
4. bra = ver Rei = ters = mann.

Wilhelm Hauff.

Schwalm, Schulliederbuch.　　　　　　　　　9

Marſchmäßig. **120. Der gute Kamerad.** Fr. Silcher.

1. Ich hatt' ei = nen Ka = me = ra = ben, ei = nen
2. Ei = ne Ku = gel kam ge = flo = gen: gilt es
3. Will mir die Hand noch rei = chen, der=

1. beſ = ſern find'ſt du nit. Die Trommel ſchlug zum
2. mir o = der gilt es dir? Ihn hat es weg = ge=
3. weil ich e = ben lad'. „Kann dir die Hand nicht

1. Strei = te: er ging an mei = ner Sei = te in
2. riſ = ſen, er liegt mir vor den Fü = ßen, als
3. ge = ben, bleib' du im ew' = gen Le = ben mein

1. gleichem Schritt und Tritt, in gleichem Schritt und Tritt.
2. wär's ein Stück von mir, als wär's ein Stück von mir.
3. gu = ter Ka = me = rad, mein gu = ter Ka = me = rad!"

L. Uhland.

121. Prinz Eugen vor Belgrad.

Nachdrücklich und mäßig bewegt. **Volksweiſe.**

mf

1. Prinz Eu = ge = ni = us, der ed = le Rit = ter, wollt' dem
2. Als der Bruk = ken nun war ge = ſchlagen, daß man
3. Am ein=undzwanzig=ſten Au=guſt ſo e = ben kam ein Spi=
4. Als Prinz Eu=ge = ni = us dies vernommen, ließ er
5. Bei der Pa = ro = le thät er be = feh=len, daß man
6. Al = les ſaß auch gleich zu Pfer=de, je = der
7. Ihr Kon = ſtab = ler auf der Schanze, ſpie = let
8. Prinz Eu = ge = ni = us wohl auf der Rechten thät als
9. Prinz Lu=de=wig der mußt' auf=ge=ben ſei = nen

1. Kai=fer wie=b'rum krie=gen Stadt und Fef = tung Bel=ga=
2. kunnt' mit Stuck und Wa=gen frei paf=fier'n den Do=nau=
3. on bei Sturm und Re=gen, fchwur's dem Prinzen und zeigt's ihm
4. gleich zu=fam=men=kom=men fein' Gen'=ral' und Feld=mar=
5. follt' die Zwöl=fe zäh=len bei der Uhr um Mit=ter=
6. griff nach fei=nem Schwerte, ganz ftill rückt man aus der
7. auf zu die=fem Tan=ze mit Kar=tau=nen groß und
8. wie ein Lö=we fech=ten, als Gen'=ral und Feld=mar=
9. Geift und jun=ges Le=ben, ward ge=trof=fen von dem

1. rad. Er ließ fchlagen ei=nen Brucken, daß man kunnt' hin=
2. fluß; bei Sem=lin fchlug man das La=ger, al=le Tür=ken
3. an, daß die Tür=ken fu=tra=gie=ren, fo viel als man
4. fchall. Er thät fie recht in=ftru=ie=ren, wie man follt' die
5. nacht. Da follt' all's zu Pferd auf=fit=zen, mit dem Fein=be
6. Schanz'. Die Musk'tier wie auch die Rei=ter thä=ten al=le
7. klein, mit den gro=ßen, mit den klei=nen auf die Tür=ken,
8. fchall. Prinz Ludwig ritt auf und nie=der: „Halt't euch brav, ihr
9. Blei. Prinz Eu=gen war fehr be=trü=bet, weil er ihn fo

1. ü = ber=ruk=fen mit b'r Ar = mee wohl für die Stadt.
2. zu ver = ja=gen, ihn'n zum Spott und zum Ver = druß.
3. kunnt' ver = fpü=ren, an die brei=mal=hunderttaufend Mann.
4. Trup=pen füh=ren und den Feind recht grei = fen an.
5. zu fchar=müt=zen, was zum Streit nur hät = te Kraft.
6. tap = fer ftrei=ten: 's war für=wahr ein fchö = ner Tanz!
7. auf die Hei=den, daß fie lau = fen all' da = von!
8. beut=fchen Brü=der, greift den Feind nur herz = haft an!"
9. fehr ge = lie=bet; ließ ihn bring'n nach Pe=ter=war = dein.

Gebichtet von einem preußifchen Krieger, der unter dem Fürften
von Deffau in Eugens Heere biente.

122. Schier dreißig Jahre bist du alt.

Mäßig.   Volksweise.

1. Schier drei = ßig Jah = re bist du alt, hast man = chen
2. Wir la = gen man = che lie = be Nacht durchnäßt bis
3. Ge = plau = dert hast du nim = mer = mehr, du warst mir
4. Und mö = gen sie mich ver = spot = ten, du bleibst mir
5. Und wenn die letz = te Ku = gel kommt ins deut = sche
6. Da lie = gen wir nun bei = de bis zum Ap =

1. Sturm er = lebt; hast mich wie ein Bru = der be =
2. auf die Haut; du al = lein, du hast mich er =
3. still und treu; du warst ge = treu in al = len
4. teu = er doch; denn wo die Fetzen 'run = ter
5. Herz hin = ein: lie = ber Man = tel, laß dich mit mir be =
6. pell im Grab. Der Ap = pell, der macht al = les le =

1. schüt = zet, und wenn die Ka = no = nen ge = blitz
2. wär = met, und was mein Her = ze hat ge = här =
3. Stük = ken, drum laß' ich dich auch nicht mehr flik =
4. han = gen, sind die Ku = geln hin = durch = ge = gan =
5. gra = ben, wei = ter will ich von dir nichts ha =
6. ben = dig, da ist es denn auch ganz not = wen =

1. zet, wir bei = de hab'n nie = mals ge = bebt.
2. met, das hab' ich dir, Man = tel, ver = traut.
3. ken, du al = ter, du wür = dest sonst neu.
4. gen, je = de Ku = gel, die macht halt ein Loch.
5. ben; in dich hül = len sie mich ein.
6. dig, daß ich mei = nen Man = tel hab'!

R. v. Holtei.

123. Der Schweizer.

Mäßig.   Friedrich Silcher.

1. Zu Straßburg auf der Schanz', da ging mein Trau = ern
2. Ein' Stund' in der Nacht sie ha = ben mich ge=
3. Früh morgens um zehn Uhr stellt man mich vor das Regi=
4. Ihr Brü = der all = zu = mal, heut' seht ihr mich zum letzten=

1. an: das Alp=horn hört' ich drü = ben wohl an=
2. bracht; sie führ = ten mich gleich vor des
3. ment: ich soll da bit = ten
4. mal! der Hir = ten = bub ist doch nur

1. stim = men, ins Va = ter=land mußt' ich hin = ü = ber=
2. Hauptmanns Haus, ach Gott, sie fisch = ten mich im
3. um Par = don, und ich be=komm' ge = wiß doch
4. schuld dar = an, das Alp=horn hat mir sol = ches

1. schwim = men: das ging nicht an!
2. Stro = me aufl mit mir ist's aus.
3. mei = nen Lohn, das weiß ich schon!
4. an = ge = than, das klag' ich an!

124. Der unerbittliche Hauptmann.

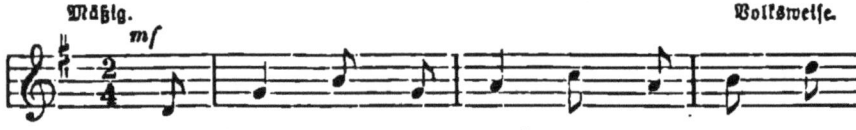

1. O Straß=burg, o Straß=burg, du wun = der=
2. So man = cher und schö = ner, auch tap = fe=
3. Ver = laf = fen, ver = laf = fen, es kann nicht
4. Die Mut = ter, die Mut=ter, die ging vor's
5. „Eu'rn Sohn kann ich nicht ge = ben für noch so

1. schö = ne Stadt! Dar = in = nen liegt be=
2. rer Sol = dat, der Va = ter und lieb'
3. an = ders sein; zu Straß=burg, ja zu
4. Hauptmanns Haus: „Ach Haupt=mann, lie = ber
5. vie = les Geld; eu'r Sohn und der muß

1. gra = ben so man = ni = cher Sol = dat, dar=
2. Mut = ter bös=lich ver = laf = fen hat, der
3. Straß=burg Sol = da = ten müf = fen fein; zu
4. Hauptmann, gebt mir den Sohn her = aus! Ach
5. fter = ben im weit= und brei = ten Feld, eu'r

1. in = nen liegt be = gra = ben so man=ni=cher Sol=dat.
2. Va = ter und lieb' Mut = ter bös=lich ver=laf=fen hat.
3. Straßburg, ja zu Straß=burg Sol = da =ten müf=fen fein.
4. Hauptmann, lie=ber Hauptmann, gebt mir den Sohn her=aus!“
5. Sohn und der muß fter = ben im weit= und brei=ten Feld.“

125. Der Soldat.

Langsam.   Fr. Silcher.

1. Es geht bei ge = dämpfter Trom = mel Klang; wie
2. Ich hab' in der Welt nur ihn ge = liebt, nur
3. Nun schaut er auf zum letz = ten = mal in
4. Es ha = ben die Neun wohl an = ge = legt, acht

1. weit noch die Stät = te, der Weg wie lang! O
2. ihn, dem jetzt man den Tod doch giebt. Bei
3. Got = tes Son = ne freu = di = gen Strahl, nun
4. Ku = geln ha = ben vor = bei = ge = fegt; sie

1. wär' er zur Ruh' und al = les vor = bei! ich
2. klin = gen = dem Spie = le wird pa = ra = diert, da=
3. bin = den sie ihm die Au = gen zu! — Dir
4. zit = ter = ten al = le vor Jam = mer und Schmerz, —

1. glaub', es bricht mir das Herz ent = zwei, ich
2. zu bin auch ich, auch ich kom = man = diert, da=
3. schen = ke Gott die e = wi = ge Ruh', dir
4. ich a = ber, ich traf ihn mit = ten ins Herz! —

1. glaub', es bricht mir das Herz ent = zwei!
2. zu bin auch ich, auch ich kom = man = diert.
3. schen = ke Gott die e = wi = ge Ruh'!
4. ich a = ber, ich traf ihn mit = ten ins Herz!

A. v. Chamisso.

126. König Wilhelm saß ganz heiter.

Mäßig, aber mit Nachdruck.   Soldatenlied.

1. Kö = nig Wilhelm saß ganz hei = ter jüngst zu Ems, dacht'
2. Da trat in sein Ka = bi = net = te ei = nes Mor = gens
3. Wil = helm sag = te: „Be = ne = det = tig, Sie er = ei = fern
4. Der Ge = sandte, so be = schieden, war noch lan = ge
5. Da sieht un = ser Wil = helm Re = ze sich das kläg = li =
6. Als Na = po = leon das ver = nommen, ließ er gleich die
7. So in grau = ser Krie = ges = rüs = tung ru = fen sie in
8. Vie = le tau = send ro = te Ho = sen stark, nun tre = ten
9. Der Ze = phi = re und der Zua = ve, der Spa = hi und
10. Deutschland lau = schet mit Er = stau = nen auf die wel = schen
11. Wil = helm spricht mit Moltk' und Roo = ne und spricht dann zu
12. Haut ihm, daß die Lap = pen flie = gen! daß sie all' die
13. Un = ser Kronprinz, der heißt Frit = ze, und der fährt gleich
14. Ein Füf' = lier von drei = und = acht = zig hat dies neu = e

1. gar nicht wei = ter an die Hän = del die = ser Welt.
2. Be = ne = det = te, den ge = sandt Na = po = le = on.
3. sich un = nö = tig, brau = chen Sie man nur Ver = stand!
4. nicht zu = frie = den, weil er's nicht be = grei = fen kann;
5. che Ge = wäch = se mit den Kö = nigs = au = gen an;
6. „Stiebeln" kom = men, die vor = dem sein On = kel trug.
7. vol = ler Brüstung: „Auf, Fran = zo = sen! ü = bern Rhein!"
8. die Fran = zo = sen ei = ligst un = tern Chaf = se = pot,
9. je = der bra = be Sohn der grrr = an = de Na = tion.
10. Kriegs = po = sau = nen, ballt die Faust, doch nicht im Sack,
11. sei = nem Soh = ne: „Fritz, geh' hin und hau = e ihm!"
12. Krän = ke krie = gen in das klap = pern = de Ge = bein,
13. ei = nem Blit = ze un = ter die Fran = zo = sen = brut.
14. Lied er = dacht sich nach der al = ten Me = lo = dei.

1. Friedlich, wie er war gesunnen, trank er sei=nen
2. Der fing zornig an zu kol=lern, weil ein Prinz von
3. Vor mir mö=gen die Spa=nio=len sich nach Lust 'nen
4. und er schwänzelt und er tän=zelt um den Kö=nig
5. sag=te gar nichts wei=ter, sun=dern wan=dte sich, so
6. Die=se zog der Bo=na=par=te grau=sam an, und
7. Und die Kai=se=rin Eu=ge=nie ist be=son=ders
8. bla=sen in die Kriegstrom=pe=te, und dem Hee=re
9. An zwei=hun=dert Mi=traillen=sen sind bei der Ar=
10. nein, mit Fäus=ten, mit Mil=lio=nen prü=gelt es auf
11. Frit=ze, oh=ne lang' zu sei=ern, nimmt sich Preu=ßen,
12. daß sie, oh=ne zu ver=schnau=fen, bis Pa=ris und
13. Und, ob wir uns gut ge=schla=gen, Wei=ßen=burg und
14. Drum, ihr fri=schen, blau=en Jun=gen, lus=tig dar=auf

1. Krähnchen=brun=nen als ein Kö=nig und ein Held.
2. Ho=hen=zol=lern sollt' auf Spa=niens Kö=nigs=thron.
3. Kö=nig ho=len, mein'thalb aus dem Pfef=fer=land!"
4. und schar=wän=zelt, möcht' es ger=ne schrift=lich ha'n.
5. daß be=wun=dern je=ner sei=nen Rük=ken kann.
6. auch der zar=te Lu=lu nach den sei=nen frug.
7. noch die jen'=ge, die ins Feu=er bläst hin=ein.
8. à la tê=te brüllt der wack=re Tur=ri=ko.
9. mee ge=we=sen, oh=ne son=sti=ges Ka=non.
10. die Ku=jo=nen, auf das gan=ze Lum=pen=pack.
11. Schwaben, Ba=yern, geht nach Wörth und — hau=et ihm;
12. wei=ter lau=fen; und wir zie=hen hin=ter=drein.
13. Wörth kann sa=gen: denn wir schrie=ben dort mit Blut.
14. los=ge=sun=gen! denn wir wa=ren auch da=bei.

127. Das Lied vom Feldmarschall Blücher.

Marschmäßig.   Volksweise.

1. Was bla = sen die Trom = pe = ten? Hu = sa = ren, her=
2. O schau = et, wie ihm leuch = ten die Au = gen so
3. Er ist der Mann ge = we = sen, als al = les ver=
4. Den Schwur hat er ge = hal = ten. Als Kriegsruf er=
5. Bei Lüt = zen auf der Au = e er hielt sol = chen
6. Am Was = ser der Katz = bach er's auch hat be=
7. Bei Wart = burg an der El = be, wie fuhr er hin=
8. Bei Leip = zig auf dem Pla = ne, o herr = li = che
9. Drum bla = set, ihr Trom = pe = ten: Hu = sa = ren, her=

1. aus! Es rei = tet der Feld = mar = schall im
2. klar! o schau = et, wie ihm wal = let sein
3. sank, der mu = tig hin gen Him = mel den
4. klang, hei! wie der wei = ße Jüng = ling in'n
5. Strauß, daß vie = len tau = send Wel = schen der
6. währt, da hat er den Fran = zo = sen das
7. durch! da schirm = te die Fran = zo = sen nicht
8. Schlacht! da brach er den Fran = zo = sen das
9. aus! du rei = te, Herr Feld = mar = schall, wie

1. flie = gen = ben Saus; er rei = tet so freu = dig sein
2. schnee = wei = ßes Haar! So frisch blüht sein Al = ter wie
3. De = gen noch schwang; da schwur er beim Ei = sen gar
4. Sat = tel sich schwang! Da ist er's ge = we = sen, der
5. A = tem ging aus; viel Tau = sen = de lie = fen dort
6. Schwimmen ge = lehrt. Fahrt wohl, ihr Fran = zo = sen, zur
7. Schan = ze noch Burg; sie mußten wie = der sprin = gen wie
8. Glück und die Macht; da la = gen sie si = cher nach
9. Win = be im Saus; dem Sie = ge ent = ge = gen zum

1. mu = ti = ges Pferd, er schwin=get so schnei = dig sein
2. grei = sen der Wein; drum kann er Ver=wal = ter des
3. zor = nig und hart, den Wel=schen zu wei = sen die
4. Kehr=aus ge=macht, mit ei = ser=nem Be = sen das
5. ha = si = gen Lauf, zehn=tau=send ent=schlie=sen, die
6. Oft = see hin = ab, und nehmt, Oh = ne=ho = sen, den
7. Haf'n ü = bers Feld, und hell ließ er klin = gen sein
8. blu = ti = gem Fall, da ward der Herr Blü=cher ein
9. Rhein, ü = bern Rhein, du tap = fe = rer De = gen, in

1. blit = zen=des Schwert.
2. Schlachtfel=des sein.
3. echt = deut=sche Art.
4. Land rein ge = macht.
5. nie wa = chen auf.
6. Wal = fisch zum Grab.
7. Huf = sa der Held.
8. Feld = mar = schall.
9. Frank=reich hin = ein!

Juch=hei = raf = faf = fa! und die

1—9. Deut=schen sind da, die Deut=schen sind luf = tig, sie

1—9. ru = fen: Hur = ra!

C. M. Arndt.

128. Werder als Musikant.

1. Der Gen'ral Wer-der hat ein-mal zum Tan-ze auf-ge-
2. Den Fie-del-bo-gen hat er schon bei Straßburg sich ge-
3. Als es den Fran-zen schwinde-lig und ü-bel ward zu-
4. Daß hier-bei den Fran-zo-sen nicht ge-fiel die wil-de
5. Er kratz-te drum den Kehraus auch nur mit der blo-ßen
6. Hal-lo! in sol-chem wil-den Tanz, da möcht' ich ein-mal

1. spielt, das war zur Zeit, als sei-nen Strauß er in dem
2. wichst; bei Bel-fort, da pro-bier-te er, ob kei-ne
3. gleich, da spielt' der Wer-der ih-nen noch zum Pos-sen
4. Tour, das kam da-her, weil Wer-der kann-te kei-ne
5. Faust, und scher-te we-nig sich dar-um wie's klap-pert
6. sein, mit Faust und Fie-del-bo-gen wollt' ich schla-gen

1. El-saß hielt. Da strich, da strich, da strich den gro-ßen
2. Sai-te knickst; und dann, und dann, und dann, daß es beim
3. ei-nen Streich: er ließ, er ließ, er ließ die gro-ße
4. Par-ti-tur. Das Stück, das Stück, so-wie es Molt-ke
5. o-der sauft. Zu-letzt, zu-letzt, zu-letzt, als es den
6. tap-fer drein. Hal-lo, hal-lo, hal-lo, wenn mit den

1. Brummbaß er, so grob, so grob, so grob wie'n kei-ner
2. gro-ßen Tanz nicht stockt, nicht stockt, nicht stockt und auch nicht
3. Pau-ke los und spielt', und spielt', und spiel-te Saus und
4. sich zu-vor, zu-vor, zu-vor, zu-vor hat aus-ge-
5. Fran-zen war zu heiß, zu heiß, zu drük-kend heiß und
6. Fran-zen ich zum Tanz, zum Tanz, zum Tan-ze wer-de

1. ftreidt. Die Fran=zen walz=ten hin und her, wie Wer=der
2. halt, dann ſchlug er dicht bei Möm=pel=gard mit Kol=ben
3. Braus, daß vie=len, vie=len Tau=ſen=den ging ganz der
4. dacht, das hat=te Gen'=ral Wer=der nicht in No=ten
5. ſchwül, da macht' es in dem Schweizer Schnee der. Wer=der
6. geh'n, zum Wie=der=kom=men ſoll die Luſt wohl ih=nen

1. hat ge=geigt, die Fran=zen walz=ten hin und her, wie
2. deut=ſchen Takt, dann ſchlug er dicht bei Möm=pel=gard mit
3. A=tem aus, daß vie=len, vie=len Tau=ſen=den ging
4. mit=ge=bracht, das hat=te Gen'=ral Wer=der nicht in
5. ih=nen kühl, da macht' es in dem Schweizer Schnee der
6. dann ver=geh'n, zum Wie=der=kom=men ſoll die Luſt wohl

1. Wer=der hat ge=geigt.
2. Kol=ben deut=ſchen Takt.
3. ganz der A=tem aus.
4. No=ten mit=ge=bracht.
5. Wer=der ih=nen kühl.
6. ih=nen dann ver=geh'n! Dann bin auch ich ein Mu=ſi=

Der Wer=der war ein Mu=ſi=

1—5. kant, wie grö=ßer kei=ner wird ge=nannt.
6. kant, mit un=ſerm Wer=der kunſt=ver=wandt.

129. Der kleine Rekrut.

Marschmäßig.
mf
Fr. Kücken.
p.

1. Wer will un = ter die Sol = da = ten, der muß
2. Der muß an der lin = ken Sei = ten ei = nen
3. Ei = nen Gaul zum Ga = lop = pie = ren und von
4. Ei = nen Schnurrbart an der Na = sen, auf dem
5. Und ein Her = ze muß ihm fit = zen tap = fer

1. ha = ben ein Ge = wehr, der muß ha = ben ein Ge =
2. schar = fen Sä = bel ha'n, ei = nen schar = fen Sä = bel
3. Sil = ber auch zwei Sporn, und von Sil = ber auch zwei
4. Kop = fe ei = nen Helm, auf dem Kop = fe ei = nen
5. auf dem rech = ten Fleck, tap = fer auf dem rech = ten

1. wehr, das muß er mit Pul = ver la = den und mit
2. ha'n, daß er, wenn die Fein = de strei = ten, schie = ßen
3. Sporn, Zaum und Zü = gel zum Re = gie = ren, wenn er
4. Helm, sonst, wenn die Trom = pe = ten bla = sen, ist er
5. Fleck, daß er, wenn Ka = no = nen blit = zen, nicht von

p

1. ei = ner Ku = gel schwer.
2. und auch fech = ten kann.
3. Sprünge macht im Zorn.
4. nur ein ar = mer Schelm.
5. ban = nen läuft vor Schreck.

Büb=lein, wirst du ein Re=

1-5. krut, merk' dir die=ſes Liedchen gut. Hopp, hopp, hopp, hopp, hopp,

1—5. hopp, Pferd=chen, lauf, lauf Ga = lopp! Büb = lein,

1—5. wirſt du ein Re = krut, merk' dir die = ſes Lied=chen

1—5. gut! Pferd-chen, mun = ter, im = mer mun=ter, lauf Ga=

1—5. lopp, — hopp, hopp, hopp, hopp, hopp, hopp, lauf Ga = lopp!

130. Soldaten-Morgenlied.

Frisch und lebendig.　　　　　　Weise: Auf, auf zum fröhlichen Jagen!

1. { Er = hebt euch von der Er = de, ihr Schläfer, aus der
     schon wie = hern uns die Pfer = de den gu = ten Mor = gen

2. { Du rei = cher Gott in Gnaden, schau her vom blau = en
     du selbst hast uns ge = la = den in die = ses Waf = fen =

3. { Ein Mor = gen soll noch kommen, ein Morgen mild und
     sein har = ren al = le Frommen, ihn schaut der En = gel

4. { Dann Klang von al = len Türmen, und Klang aus je = der
     und Ru = he nach den Stürmen, und Lieb' und Le = bens =

1. { Ruh'; } Die lie = ben Waf = fen glän = zen so
   { zu. }

2. { Zelt; } Laß uns vor dir be = ste = hen, und
   { feld. }

3. { klar; } Bald scheint er son = der·Hül = le auf
   { Schar. }

4. { Brust, } Es schallt auf al = len We = gen dann
   { lust! }

1. hell im Mor = gen = rot: man träumt von Sie = ges =
2. gieb uns heu = te Sieg; die Chri = sten = ban = ner
3. je = den deut = schen Mann; o brich, du Tag der
4. fro = hes Siegs = ge = schrei; und wir, ihr wak = fern

1. krän = zen, man denkt auch an den Tod.
2. we = hen: dein ist, o Herr, der Krieg.
3. Fül = le, du Frei = heits = tag, brich an!
4. De = gen, — wir wa = ren auch da = bei!

Max von Schenkendorf.

131. Reiterlied.

Marschtempo.

C. J. Zahn.

Einzelne.

1. { Wohl=auf, Ka - me - ra - den, aufs Pferd, aufs Pferd! ins
   Im Fel = de, da ist der Mann noch was wert, da

2. { Aus der Welt die Frei=heit ver=schwunden -ist, man
   die Falsch=heit herr=schet, die Hin=ter = list bei dem

1. { Feld, in die Frei=heit ge = zo = gen! }
   wird das Herz noch ge = wo=gen. }

   Da

2. { sieht nur Her = ren und Knech=te; }
   fei = gen Men=schen = ge = schlech=te; }

   der dem

1. tritt kein an=drer für ihn ein, auf sich sel = ber steht er da
2. Tod ins An=ge=sicht schauen kann, der Sol=dat al = lein ist der

f Alle.

1. ganz al = lein; da tritt kein an=drer für ihn ein, auf sich
2. frei = e Mann, der dem Tod ins An- gesicht schauen kann, der Sol=

1. sel = ber steht er da ganz al = lein.
2. dat al = lein ist der frei = e Mann.

Fr. Schiller.

Schwalm, Schulliederbuch.

10

132. Lützows wilde Jagd.

Sehr rasch.　　　　　　　　　　　　　　　　　C. M. v. Weber.

1. Was glänzt dort vom Wal=de im Son=nen=schein? hör's
2. Was zieht　　dort rasch durch den fin=stern Wald　und
3. Wo die Re=ben dort glü=hen, dort braust der Rhein, der
4. Was braust dort im Tha=le die　lau=te Schlacht? was
5. Wer schei=bet dort röchelnd vom Son=nen=licht, un=ter
6. Die　wil=de Jagd und die　deut=sche Jagd　auf

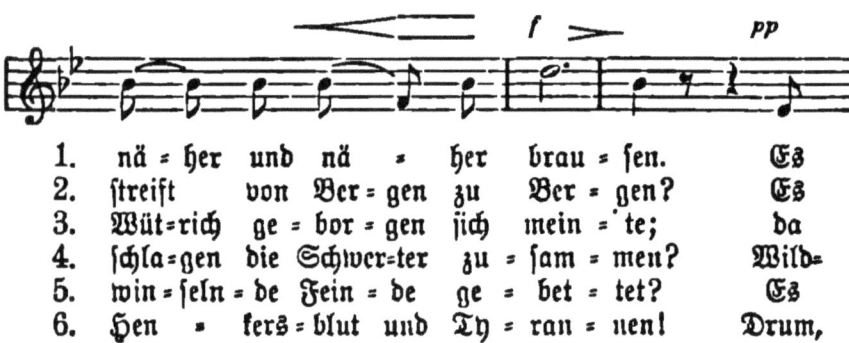

1. nä=her und nä=her brau=sen.　　　Es
2. streift　　von Ber=gen　zu　Ber=gen?　　Es
3. Wüt=rich ge=bor=gen　sich　mein=te;　da
4. schla=gen die Schwer=ter　zu=sam=men?　Wild=
5. win=seln=de Fein=de　ge=bet=tet?　　Es
6. Hen=kers=blut und Ty=ran=nen!　Drum,

1. zieht sich her=un=ter in düs=te=ren Reih'n, und
2. legt sich in nächt=li=chen Hin=ter=halt; das
3. naht　es schnell mit Ge=wit=ter=schein und
4. her=zi=ge Rei=ter schla=gen die Schlacht, und der
5. zuckt　der Tod auf dem An=ge=sicht; doch die
6. die ihr uns liebt, nicht ge=weint und ge=klagt; das

1. gel = len = be Hör = ner schal = len bar = ein, er=
2. Hur = ra jauchzt und die Büch = se knallt, es
3. wirft sich mit rüf = ti = gen Ar = men hin = ein und
4. Fun = ke der Frei = heit ist glü = hend er = wacht und
5. wak = kern Her = zen er = zit = tern nicht: das
6. Land ist ja frei, und der Mor = gen tagt, wenn

Parlando

1. fül = len die See = le mit Grau = sen.   Und
2. fal = len die frän = ki = schen Scher = gen. Und
3. springt ans U = fer der Fein = de.   Und
4. lo = dert in blu = ti = gen Flam = men.   Und
5. Va = ter = land ist ja ge = ret = tet!   Und
6. mir's auch nur ster = bend ge = wan = nen!   Und von

(wie gesprochen)

1. wenn ihr die schwarzen Ge = sel = len fragt,
2. wenn ihr die schwar = zen Jä = ger fragt,
3. wenn ihr die schwar = zen Schwimmer fragt,
4. wenn ihr die schwar = zen Rei = ter fragt,
5. wenn ihr die schwarzen Ge = fall' = nen fragt,
6. En = keln zu En = keln sei's nach = ge = sagt:

1—5. das ist, das ist Lützows wil = de ver = we = ge = ne Jagd.
6. das war, das war Lützows wil = de ver = we = ge = ne Jagd.

Th. Körner.

10*

133. Wunsch.

Sehr mäßig.   Volkslied.

1. Wenn ich ein Vög=lein wär' und auch zwei Flüg=lein hätt',
2. Wenn ich ein Eng=lein wär', lieb=lich in Him=mels=weiß',
3. Wenn ich ein Eng=lein wär', fröhlich und frommes Kind,

1. flög' ich zu dir; weil's a - ber nicht kann sein,
2. ach, wie so sehr wollt' ich dann se = lig sein,
3. freut' ich mich sehr! Herr, laß mich's wer = den doch,

1. weil's a = ber nicht kann sein, bleib' ich all = hier.
2. wollt' ich dann se = lig sein im Ster=nen=heer!
3. Herr, laß mich's wer - den doch je mehr und mehr!

V. 2 u. 3 v. W. Wackernagel.

134. Das Steckenpferd.

Munter.

1. Hopp, hopp, hopp! Pferdchen, lauf Ga-lopp ü = ber
2. Tipp, tipp, tapp! Wirf mich nur nicht ab! Sonst be=
3. Brr, brr, he! Steh jetzt, Pferdchen, steh! Sollst noch

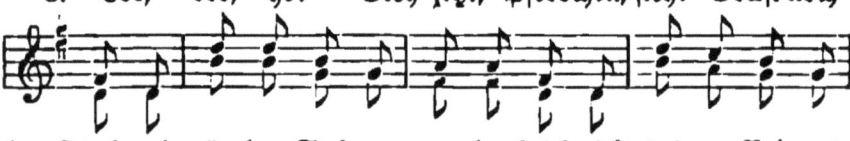

1. Stock und ü = ber Stei=ne; a = ber brich nicht dei=ne Bei=ne!
2. kommst du Peitschen=hie=be, — Pferdchen, thu' mir's ja zu=lie=be,
3. heu = te weiter springen, muß dir nur erst Fut=ter bringen,

1. Im=mer im Ga-lopp, hopp, hopp, hopp, hopp, hopp!
2. wirf mich ja nicht ab, tipp, tipp, tipp, tipp, tapp!
3. steh doch, Pferdchen, steh, brr, brr, brr, brr, he!

R. Hahn.

135. Die Blumen.

Mäßig. Schlesische Volksweise.

1. Wer hat die Blumen nur erdacht? Wer hat sie so
2. Wer hat im Gar-ten und im Feld sie so auf ein-mal
3. Wer ist's, der ih=nen al=len schafft in den Wur=zeln
4. Wer ist's, der sie al=le ließ duf=ten auch so
5. Wer das ist und wer das kann und nicht mü=de

1. schön ge=macht? gelb und rot und weiß und blau,
2. hin=ge=stellt? Erst war's doch noch so hart und kahl,
3. fri=schen Saft, gießt den Mor=gen=tau hin-ein,
4. schön und süß, daß die Men=schen, groß und klein,
5. wird dar-an? Das ist Gott in sei-ner Kraft,

1. daß ich mei-ne Lust dran schau'?
2. blüht nun al-les auf ein-mal.
3. schickt den hel-len Son=nen=schein?
4. sich in ih=rem Her=zen freu'n?
5. der die lie=ben Blu=men schafft.

Wilh. Hey.

136. Bienenliedchen.

Munter.   Volksweise.

1—5. Summ, summ, summ! Bien=chen, summ' her = um!

1. Ei, wir thun dir nichts zu = lei = be, flieg' nur aus in
2. Such' in Blu=men, such' in Blüm=chen dir ein Tröpfchen,
3. Keh = re heim mit rei=cher Ga = be, bau' uns man = che
4. Bei den heil'=gen Christ=ge=schen=ken wol=len wir auch
5. Wenn wir mit dem Wachsstock su = chen Pfef=fer=nüss' und

1. Wald und Hei = be!
2. dir ein Krümchen!
3. vol = le Wa = be! ⎬ Summ, summ, summ, Bienchen, summ' herum!
4. dein ge = den = fen.
5. Ho = nig = fu=chen.

Hoffmann von Fallersleben.

137. Der reichste Fürst.

Schrittmäßig.   Volksweise.

1. Prei=send mit viel schö=nen Re = den ih = rer Län = ber
2. „Herrlich", sprach der Fürst von Sach=sen, „ist mein Land und
3. „Seht mein Land in üpp'ger Fül = le", sprach der Kur=fürst
4. „Gro = ße Stä = bte, rei = che Klös=ter", Lud=wig, Herr zu
5. ⸮ E = ber = hard, der mit dem Bar = te, Württem=bergs ge=
6. Doch ein Klei=nod hält's ver=bor=gen: daß in Wäl=dern,
7. Und es rief der Herr von Sach=sen, der von Bay=ern,

1. Wert und Zahl, ih = rer Län = der Wert und Zahl,
2. sei = ne Macht, ist mein Land und sei = ne Macht;
3. von dem Rhein, sprach der Kur = fürst von dem Rhein;
4. Bay = ern, sprach, Lud = wig, Herr zu Bay = ern, sprach,
5. lieb = ter Herr, Würt = tem = bergs ge = lieb = ter Herr,
6. noch so groß, daß in Wäl = dern, noch so groß,
7. der vom Rhein, der von Bay = ern, der vom Rhein:

Zum 2. Mal weniger stark. pf

1. sa = ßen vie = le deut = sche Für = sten einst zu
2. Sil = ber he = gen sei = ne Ber = ge wohl in
3. „gold = ne Saa = ten in den Thä = lern, auf den
4. „schaf = fen, daß mein Land den eu = ren wohl nicht
5. sprach: „Mein Land hat klei = ne Stä = dte, trägt nicht
6. ich mein Haupt kann kühn = lich le = gen je = dem
7. „Graf im Bart, Ihr seid der reich = ste; Eu = er

cresc.

1. Worms im Kai = ser = saal, einst zu Worms im Kai = ser = saal.
2. man = chem tie = fen Schacht, wohl in man = chem tiefen Schacht."
3. Ber = gen ed = len Wein, auf den Ber = gen ed = len Wein!"
4. steht an Schät = zen nach, wohl nicht steht an Schätzen nach."
5. Ber = ge sil = ber = schwer, trägt nicht Ber = ge sil = ber = schwer;
6. Un = ter = than in Schoß, je = dem Un = ter = than in Schoß."
7. Land trägt E = del = stein! Eu = er Land trägt E = del = stein!"

Justinus Kerner.

138. Der alte Landmann an seinen Sohn.

Mäßig.   W. A. Mozart.

1. Üb' im = mer Treu' und Red = lich = keit bis an dein
2. Dann wirst du wie auf grü = nen Au'n durchs Pil = ger-
3. Dann wird die Si = chel und der Pflug in dei = ner
4. Dem Bö = se = wicht wird al = les schwer, er thu = e,
5. Der schö = ne Früh = ling lacht ihm nicht, ihm lacht kein
6. Der Wind im Hain, das Laub am Baum sauft ihm Ent=
7. Drum ü = be Treu' und Red = lich = keit bis an dein
8. Dann su = chen En = kel dei = ne Gruft und wei = ner

1. küh = les Grab, und wei = che kei = nen Fin = ger
2. le = ben geh'n; dann kannst du son = der Furcht und
3. Hand so leicht; dann sin = gest du beim Was = ser-
4. was er thu'; der Teu = fel treibt ihn hin und
5. Äh = ren = feld; er ist auf Lug und Trug er-
6. set = zen zu; er fin = det nach des Le = bens
7. küh = les Grab, und wei = che kei = nen Fin = ger
8. Thrä = nen drauf, und Som = mer = blu = men, voll von

1. breit von Got = tes We = gen ab!
2. Grau'n dem Tod ins Au = ge seh'n.
3. krug, als wär' dir Wein ge = reicht.
4. her und läßt ihm kei = ne Ruh'.
5. picht und wünscht sich nichts als Geld.
6. Traum im Gra = be kei = ne Ruh'.
7. breit von Got = tes We = gen ab.
8. Duft, blüh'n aus den Thrä = nen auf.   Hölty.

139. Gott weiß es.

1. { Weißt du, wie = viel Ster = ne ste = hen an dem
   { Weißt du, wie = viel Wol = ken ge = hen weit = hin

2. { Weißt du, wie = viel Mück = lein spie = len in der
   { Wie = viel Fisch = lein auch sich küh = len in der

3. { Weißt du, wie = viel Kin = der frü = he steh'n aus
   { daß sie oh = ne Sorg' und Mü = he fröh = lich

1. { blau = en Him = mels = zelt?   } Gott der Herr hat sie ge =
   { ü = ber al = le Welt?

2. { hel = len Son = nen = glut?   } Gott der Herr rief sie mit
   { hel = len Was = fer = flut?

3. { ih = ren Bett = lein auf,   } Gott im Him = mel hat an
   { sind im Ta = ges = lauf?

1. zäh = let, daß ihm auch nicht ei = nes feh = let an der
2. Na = men, daß sie all' ins Le = ben ka = men, daß sie
3. al = len sei = ne Luft, sein Wohl = ge = fal=len; kennt auch

1. gan = zen gro = ßen Zahl, an der gan=zen gro=ßen Zahl.
2. nun so fröh = lich sind, daß sie nun so fröh=lich sind.
3. dich und hat dich lieb, kennt auch dich und hat dich lieb.

Wilh. Hey.

140. Siegfrieds Schwert.

Mäßig und kräftig.   Volksweise.

1. Jung Sieg = fried war ein stol = zer Knab', ging
2. Wollt' raf = ten nicht in Va = ters Haus, wollt'
3. Be = geg = net' ihm manch Rit = ter wert mit
4. Sieg = fried nur ei = nen Stek = ken trug; das
5. Und als er ging im fin = stern Wald, kam
6. Da sah er Ei = sen und Stahl ge = nug, ein
7. „O Meis = ter, lieb = ster Meis = ter mein, laß
8. Und lehr' du mich mit Fleiß und Acht, wie
9. Sieg = fried den Ham = mer wohl schwingen kunnt': er
10. Er schlug, daß weit der Wald er = klang und
11. Und von der letz = ten Ei = sen = stang' macht'
12. „Nun hab' ich ge = schmie = bet ein gu = tes Schwert, nun
13. Nun schlag' ich wie ein an = drer Held die

1. von des Va = ters Burg her = ab, ging
2. wan = dern in al = le Welt hin = aus, wollt'
3. fes = tem Schild und brei = tem Schwert, mit
4. war ihm bit = ter und leid ge = nug, das
5. er zu ei = ner Schmie = de bald, kam
6. lus = tig Feu = er Flam = men schlug, ein
7. du mich bei = nen Ge = sel = len sein, laß
8. man die gu = ten Schwer = ter macht, wie
9. schlug den Am = boß in den Grund, er
10. al = les Ei = sen in Stük = ke sprang, und
11. er ein Schwert so breit und lang, macht'
12. bin ich wie an = dre Rit = ter wert, nun
13. Rie = sen und Dra = chen in Wald und Feld, die

1. von des Va = ters Burg her = ab.
2. wan = dern in al = le Welt hin = aus.
3. fe = stem Schild und brei = tem Schwert.
4. war ihm bit = ter und leid ge = nug.
5. er zu ei = ner Schmie = de bald.
6. lu = stig Feu = er Flam = men schlug.
7. du mich bei = nen Ge = sel = len fein!
8. man die gu = ten Schwer = ter macht."
9. schlug ben Am = boß in den Grund.
10. al = les Ei = sen in Stük = ke sprang.
11. er ein Schwert so breit und lang.
12. bin ich wie an = dre Rit = ter wert.
13. Rie = sen und Dra = chen in Wald und Feld."

L. Uhland.

141. Mein eigen.

Mäßig schnell.   J. Gersbach.

1. Ich ging im Wal = de so für mich hin und
2. Im Schat = ten sah ich ein Blüm = lein steh'n, wie
3. Ich wollt' es bre = chen, da sagt' es fein: „Soll
4. Ich grub's mit al = len den Wur = zeln aus, zum
5. Und pflanzt' es wie = der am stil = len Ort; nun

1. nichts zu su = chen, das war mein Sinn.
2. Ster = ne leuch = tend, wie Äug = lein schön.
3. ich zum Wel = ken ge = bro = chen fein?"
4. Gar = ten trug ich's am hüb = schen Haus,
5. zweigt es im = mer und blüht so fort.

W. v. Goethe.

142. Des Knaben Berglied.

Karl Groos.

1. Ich bin vom Berg der Hir=ten=knab', seh' auf die
2. Hier ist des Stro=mes Mut=ter=haus, ich trink' ihn
3. Der Berg der ist mein Ei=gen=tum, da zieh'n die
4. Sind Blitz und Don=ner un=ter mir, so steh' ich
5. Und wann die Sturmglock' einst er=schallt, manch' Feu=er

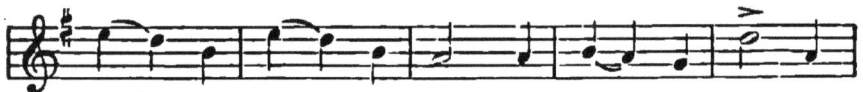

1. Schlös=ser all' her=ab; die Son=ne strahlt am
2. frisch vom Stein her=aus; er braust vom Fels in
3. Stür=me rings her=um; und heu=len sie von
4. hoch im Blau=en hier; ich ken=ne sie und
5. von den Ber=gen wallt; dann steig' ich nie=der,

1. er=sten hier, am läng=sten wei=let sie bei
2. wil=dem Lauf, ich fang' ihn mit den Ar=men
3. Nord und Süd, so ü=ber=schallt sie doch mein
4. ru=fe zu: laßt mei=nes Va=ters Haus in
5. tret' ins Glied, und schwing' mein Schwert und sing' mein

1. mir.
2. auf.
3. Lied: Ich bin der Knab' vom Ber=ge.
4. Ruh'!
5. Lied:

L. Uhland.

143. An den Mond.

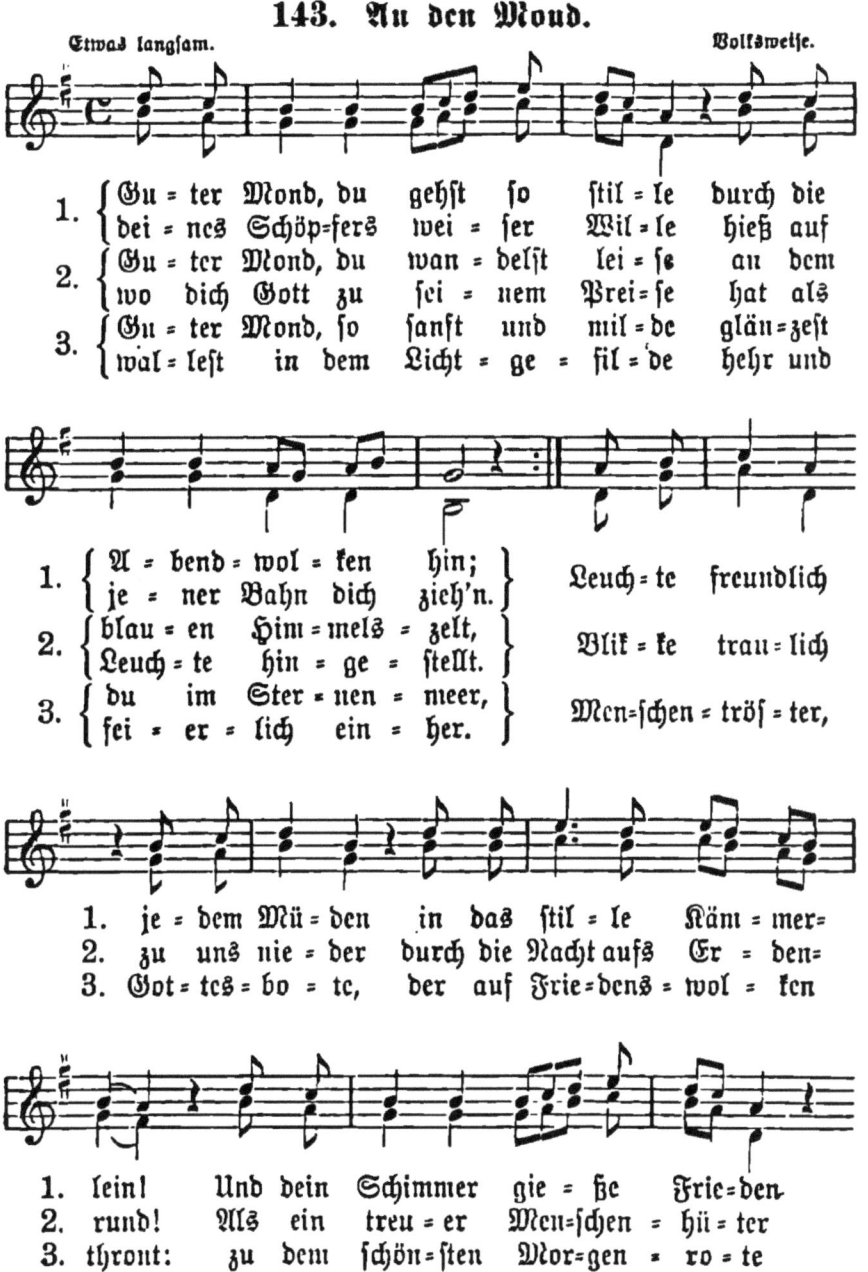

Etwas langsam.   Volksweise.

1. Gu = ter Mond, du gehst so stil = le durch die
   bei = nes Schöp=fers wei = ser Wil = le hieß auf
2. Gu = ter Mond, du wan = delst lei = se an dem
   wo dich Gott zu sei = nem Prei = se hat als
3. Gu = ter Mond, so sanft und mil = de glän=zest
   wal = lest in dem Licht = ge = fil = 'de hehr und

1. A = bend = wol = ken hin;
   je = ner Bahn dich zieh'n.   Leuch = te freundlich
2. blau = en Him = mels = zelt,
   Leuch = te hin = ge = stellt.   Blik = ke trau = lich
3. du im Ster = nen = meer,
   fei = er = lich ein = her.   Men=schen = tröf = ter,

1. je = dem Mü = den in das stil = le Käm = mer=
2. zu uns nie = der durch die Nacht aufs Er = den=
3. Got = tes = bo = te, der auf Frie=dens = wol = ken

1. lein! Und dein Schimmer gie = ße Frie=den
2. rund! Als ein treu = er Men=schen = hü = ter
3. thront: zu dem schön = sten Mor=gen = ro = te

1. ins be=dräng=te Herz hin=ein.
2. thust du Got=tes Lie=be kund.
3. führst du uns, o gu=ter Mond.

144. Denkst du daran.

Gemächlich.   Volksweise.

1. { Denkst du dar = an, wie in der Kind = heit
    { Auf, laß die Phan = ta = sie uns da = hin

2. { Denkst du dar = an, wie El = tern = treu = e
    { Wie se = lig uns Ge=schwis = ter = lie = be

3. { Denkst du dar = an, wie in der Zu = kunft
    { Ich den = ke dran, doch werd' ich nicht ver=

1. { Ta = gen, die Welt so schön vor un = sern Blik=ken
    { tra = gen, wo sor = gen = los ent = eil = te Tag für

2. { wach = te, zu schüt = zen uns vor jeg = li = cher Ge=
    { mach = te, wie trau = lich es in un = srer Hei = mat

3. { Ta = gen sich un = ser Schick=sal noch ge = stal = ten
    { za = gen, wenngleich das Au = ge da im Dun=keln

1. { Tag? } Wo blu = men = reich das Le = ben sich uns
   { Tag! }

2. { fahr? } O könn=ten die = se sel' = gen Au = gen=
   { war? }

3. { wird? } Laß uns mit Glauben, Hof=fen vor=wärts
   { irrt. }

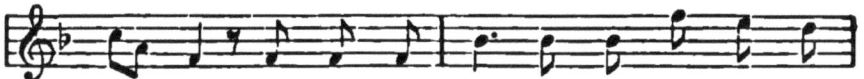

1. zeig = te und dor = nen = leer des Le = bens Pfad er =
2. blik = te im Le = ben doch noch ein = mal uns er =
3. brin = gen, von rei = ner Lie = be un = sre Her = zen

1. schien, wo uns die Welt ein Pa = ra = dies nur
2. blüh'n! Doch nein, sie keh = ren nie = mals uns zu =
3. glüh'n! Dann wird die Zu = kunft wah = res Heil uns

1. deuch = te, da = hin, da = hin laß uns im Geif = te
2. rük = te, drum laß im Geist da = hin, da = hin uns
3. brin = gen; drum laß mit Gott uns freu = dig vor=wärts

1. zieh'n! Wo uns die Welt ein Pa = ra = dies nur deuch=te,
2. zieh'n! Doch nein, sie keh = ren nie=mals uns zu = rük=te,
3. zieh'n! Dann wird die Zu=kunft wah = res Heil uns bringen,

1. da = hin, da = hin laß uns im Geif = te zieh'n!
2. drum laß im Geist da = hin, da = hin uns zieh'n!
3. drum laß mit Gott uns freu = dig vor=wärts zieh'n!

H. Krause.

145. Der Wanderer in der Sägemühle.

Mäßig.   Fr. Glück.

1. Dort un = ten in der Müh = le saß ich in sti = ßer
2. Saß zu der blan=ken Sä = ge, es war mir wie ein
3. Die Tan = ne war wie le = bend; in Trau = er = me = lo=
4. „Du kehrst zur rech=ten Stun = de, o Wan = de = rer, hier
5. „Du bist's, für den wird wer=den, wenn kurz ge=wandert
6. Vier Bret=ter sah ich fal = len, mir ward's ums Her=ze

1. Ruh' und sah dem Rä = der = spie = le und
2. Traum, die bahn = te lan = ge We = ge in
3. die durch al = le Fa = sern be = bend, sang
4. ein; du bist's, für den die Wun = de mir
5. du, dies Holz im Schoß der Er = den ein
6. schwer; ein Wört=lein wollt' ich sal = len, da

cresc.

1. sah den Was = sern zu, und sah dem Rä = der=
2. ei = nen Tan = nen = baum, die bahn = te lan = ge
3. die = se Wor = te sie, durch al = le Fa = sern
4. bringt ins Herz hin = ein; du bist's, für den die
5. Schrein zur lan = gen Ruh', dies Holz im Schoß der
6. ging das Rad nicht mehr, ein Wört=lein wollt' ich

1. spie = le und sah den Was=sern zu.
2. We = ge in ei = nen Tan = nen=baum.
3. be = bend, sang die = se Wor = te sie:
4. Wun = de mir bringt ins Herz hin = ein.
5. Er = den ein Schrein zur lan = gen Ruh'.“
6. sal = len, da ging das Rad nicht mehr.

Justinus Kerner.

146. Des Sommers letzte Rose.

Langsam. p

Irisches Volkslied.

1. Des Som=mers letz=te Ro=se blüht hier noch al=
2. Letz=te Ro=se, wie magst du so ein=sam hier
3. Warum blühst du so trau=rig im Gar=ten al=

1. lein, ver=welkt sind der Ge=spie=len hold lä=cheln=de
2. blüh'n? dei=ne freund=li=chen Schwestern sind langst schon da=
3. lein? sollst im Tod mit den Schwestern ver=ei=ni=get

1. Reih'n. Ach, es blieb kei=ne Schwes=ter, kei=ne
2. hin. Kei=ne Blü=te haucht Bal=sam mit
3. sein. Dar=um pflück' ich, Ro=se, vom

1. Knos=pe zu=rück mit er=wi=bern=dem
2. lie=ben=dem Duft, kei=ne Blät=ter mehr
3. Stam=me dich ab, sollst ruh'n mir am

1. Seuf=zer, mit er=rö=ten=dem Blick.
2. flat=tern in stür=mi=scher Luft.
3. Her=zen und mit mir im Grab.

147. Andreas Hofer.

Mäßig.   mf   Volksweise.

1. Zu Man=tu=a in Ban=den der treu=e Ho=fer
2. Die Hän=de auf dem Rük=ken An=bre=as Ho=fer
3. Doch als aus Ker=ker=git=tern im fes=ten Man=tu=
4. Dem Tambour will der Wir=bel nicht un=term Schlägel
5. Dort soll er nie=der=knie=en; er sprach: „Das thu' ich
6. Und von der Hand die Bin=de nimmt ihm der Kor=po=

1. war, in Man=tu=a zum To=de führt' ihn der Fein=de
2. ging mit ru=hig fes=ten Schrit=ten; ihm schien der Tod ge=
3. a die treu=en Waf=fen=brü=der die Händ' er stret=ten
4. vor, als nun An=bre=as Ho=fer schritt durch das finst're
5. nitl will ster=ben, wie ich ste=he, will ster=ben, wie ich
6. ral; und Sandwirt Ho=fer be=tet all=hier zum letz=ten=

1. Schar; es blu=te=te der Brü=der Herz, ganz Deutschland,
2. ring; der Tod, den er so man=ches=mal vom I=fel=
3. sah, da rief er aus: „Gott sei mit euch, mit dem ver=
4. Thor; An=bre=as noch in Ban=den frei, dort stand er
5. stritt, so wie ich steh' auf die=ser Schanz'; es leb' mein
6. mal, dann ruft er: „Nun so trefft mich recht! Gebt Feu=er!

1. ach, in Gram und Schmerz! mit ihm das Land Ti=
2. berg ge=schickt ins Thal im heil'=gen Land Ti=
3. rat=nen deut=schen Reich und mit dem Land Ti=
4. fest auf der Bas=tei, der Mann vom Land Ti=
5. gu=ter Kai=ser Franz, mit ihm sein Land Ti=
6. Ach, wie schießt ihr schlecht! A=be, mein Land Ti=

1. rol, mit ihm das Land Ti = rol, mit ihm das Land Ti=
2. rol, im heil'= gen Land Ti = rol, im heil'= gen Land Ti=
3. rol, und mit dem Land Ti = rol, und mit dem Land Ti=
4. rol, der Mann vom Land Ti = rol, der Mann vom Land Ti=
5. rol, mit ihm fein Land Ti = rol, mit ihm fein Land Ti=
6. rol, a = be, mein Land Ti = rol, a = be, mein Land Ti=

1. rol, mit ihm das Land Ti = rol!
2. rol, im heil' = gen Land Ti = rol!
3. rol, und mit dem Land Ti = rol!
4. rol, der Mann vom Land Ti = rol!
5. rol, mit ihm fein Land Ti = rol!
6. rol, a = be, mein Land Ti = rol."

Jul. Mosen.

148. Schweizerlied.

Mäßig bewegt.   J. Gersbach.

1. Uf'm Berg=li bin i ge=fäf=fe, ha de Vög=le zu=ge=
2. In ä Gar=te bin i ge=ftan=de, ha de Im=bli zu=ge=
3. Uf b' Wie=fe bin i ge=gan=ge, lugt' i Summer=bögle

1. fchaut; hänt ge = fun = ge, hänt ge = fprunge, hänt's Neft=li ge=baut.
2. fchaut; hänt ge=brummet, hänt ge=fum=met, hänt Zel = li ge=baut.
3. a; hänt ge = fo = ge, hänt ge = flo = ge, gar z'fchön hänt's gethan.

W. v. Goethe.

11*

149. Jäger und Hase.

Erzählend. *Volkslied.*

1. Ges = tern A = bend ging ich aus, ging wohl in den
2. „Bist du nicht der Jä = gersmann, hetz'st auf mich die
3. Ar = mes Häs=lein, bist so blaß! Geh' dem Bau=er nicht

1. Wald hin = aus; saß ein Häs = lein in dem Strauch,
2. Hun = de an? Wenn dein Wind = spiel mich er = tappt,
3. mehr ins Gras; geh' dem Bau = er nicht mehr ins Kraut,

1. guckt' mit sei = nen Äug=lein 'raus; kommt das Häs=lein
2. hast du, Jä = ger, mich erschnappt. Wenn ich an mein
3. sonst be=zahlst's mit dei = ner Haut, sparst dir man = che

1. dicht her = an, daß mir's was er = zäh = len kann.
2. Schick=sal denk', ich mich recht von Her = zen kränk'.“
3. Not und Pein, kannst mit Lust ein Häs = lein sein!

150. Rätsel.

Munter. *Volksweise.*
Einzelne.

1. { Ein Männlein steht im Wal = de ganz still und stumm.
   { Es hat von lau=ter Pur = pur ein Mänt'lein um.
2. { Das Männlein steht im Wal = de auf ei = nem Bein
   { Und hat auf sei = nem Haupte schwarz Käpplein klein.

1. Sagt, wer mag das Männlein sein, das da steht im
2. Sagt, wer mag das Männlein sein, das da steht im

Vom Thor wiederholt.

1. Wald al = lein mit dem pur = pur = ro = ten Män = te = lein?
2. Wald al = lein mit dem klei = nen, schwarzen Käp = pe = lein?

Hoffmann v. Fallersleben.

151. Der Tannenbaum.

Mäßig.   Volksweise.

1. O Tannenbaum, o Tannenbaum! wie treu sind dei = ne
2. O Tannenbaum, o Tannenbaum! du kannst mir sehr ge =
3. O Tannenbaum, o Tannenbaum! dein Kleid will mich was

1. Blät = ter! Du grünst nicht nur zur Som = mer = zeit, nein,
2. fal = len; wie oft hat nicht zur Weih = nachtszeit ein
3. leh = ren: die Hoff = nung und Be = stän = dig = keit giebt

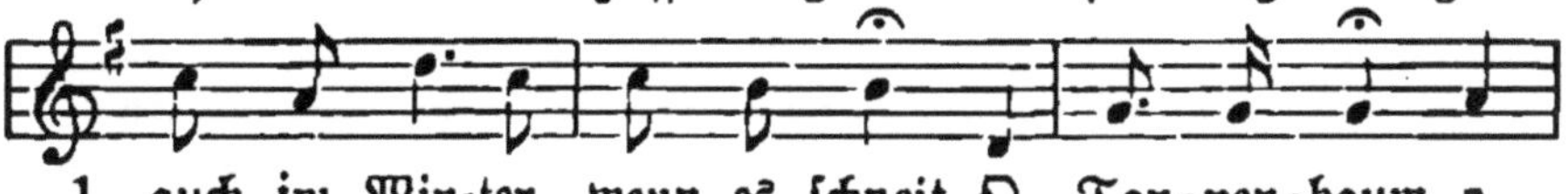

1. auch im Win = ter, wenn es schneit. O Tan = nen = baum, o
2. Baum von dir mich hoch er = freut! O Tan = nen = baum, o
3. Trost und Kraft zu je = der Zeit. O Tan = nen = baum, o

1. Tan = nen = baum! wie treu sind bei = ne Blät = ter!
2. Tan = nen = baum! du kannst mir sehr ge = fal = len!
3. Tan = nen = baum! dein Kleid will mich was leh = ren!

U. G. Anschütz.

152. Einkehr.

Ruhig bewegt. *mf*   R. Schwalm.

1. Bei ei - nem Wir - te, wun = der - milb, ba
2. Es war ber gu = te Ap = fel = baum, bei
3. Es ka = men in fein grü = nes Haus viel
4. Ich fand ein Bett zu fü = ßer Ruh auf
5. Nun fragt' ich nach der Schul-big = keit, ba

1. war ich jüngst zu Gaf = te; ein golb = ner Ap = fel
2. bem ich ein = ge = keh = ret; mit fü = ßer Koft und
3. leicht=be=schwingte Gäf = te; fie fpran=gen frei und
4. wel = chen, grü = nen Mat = ten; der Wirt, er beck = te
5. fchüt=telt er den Wip = fel. Ge = feg = net fei er

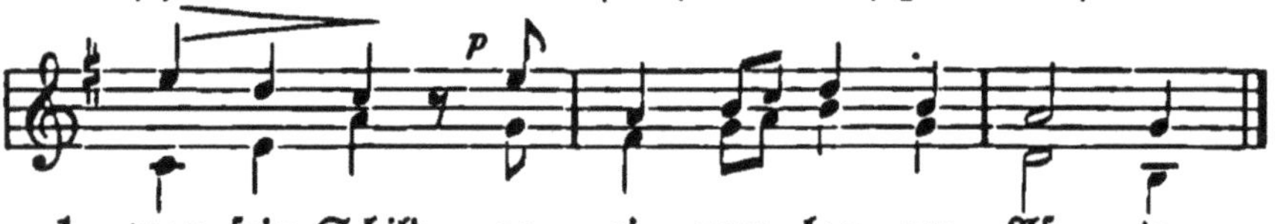

1. war fein Schild an ei = nem lan=gen Af = te.
2. fri = fchem Schaum hat er mich wohl=ge = näh = ret.
3. hiel = ten Schmaus und fan = gen auf bas bef = te.
4. felbft mich zu mit fei = nem kih = len Schat = ten.
5. al = le - zeit, von ber Wurzel bis zum Gip - fel!

                             L. Uhlanb.

153. Die Kapelle.

Mäßig.   Volksweife.

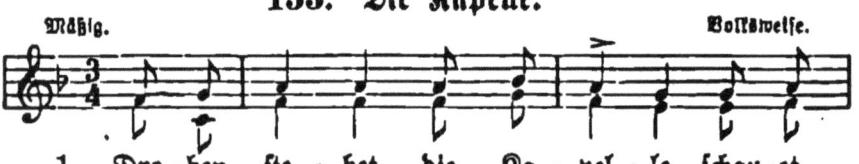

1. Dro = ben fte = het bie Ka = pel = le, fchau=et
2. Trau=rig tönt bas Glöck=lein nie = ber, fchau=er=
3. Dro = ben bringt man fie zu Gra = be, bie fich

1. still ins Thal hin = ab. Drun=ten fingt bei Wief' und
2. lich der Lei = chen=chor. Stil = le find die fro = hen
3. freu=ten in dem Thal, — Hir = ten=kna = be, Hir = ten=

1. Quel = le froh und hell der Hir = ten = knab'.
2. Lie = ber, und der Kna = be laufcht em = por.
3. kna = bel bir auch fingt man bort ein = mal.

L. Uhland.

154. Des Schäfers Wunsch.

Mäßig.   Bolksweife.

1. Hans Pe=ter zog am Mor=gen ganz frü = he fort von Haus,
2. Das that er al = le Mor=gen und that es wohl=ge=mut;
3. Mal that er's nicht fo ger = ne, es fchien das Herz ihm fchwer:
4. Hans Pe=ter! fagt der Va = ter, was, Junge, fällt dir ein?
5. „Ach, wär' ich auch kein Kai = fer, ein Graf nur möcht' ich fein;

1. er trieb die Schaf' und Läm=mer ins Frei = e 'naus.
2. ihm wa = ren fei = ne Scha=fe, er ih = nen gut.
3. „Ach, wenn ich doch ein Kai = fer und Kö = nig wär'!“
4. ein Narr wirft du noch e = her als Kai = fer fein. —
5. dann hü = tet' ich zu Pfer=de die Scha=fe mein.“

Hoffmann von Fallersleben.

155. Lied der Treue.

Mäßig langsam.   J. Gersbach.

1. Ein ge = treu = es Her = ze wif = fen, hat des
2. Läuft das Glük = fe gleich zu Zei = ten an = ders,
3. Sein Ver = gnü = gen steht al = lei = ne in des
4. Gunst, die kehrt sich nach dem Glük = fe, Geld und
5. Eins ist da sein und ge = schie = den; ein ge=

1. höch = sten Schat = zes Preis; der ist se = lig zu be=
2. als man will und meint: ein ge = treu = es Herz hilft
3. an = dern Red = lich = feit; hält des an = dern Not für
4. Reichtum, das zer = stäubt, Schönheit läßt uns bald zu=
5. treu = es Her = ze hält, gibt sich al = le = zeit zu=

cresc.   pf

1. grü = ßen, der ein sol = ches Klei = nod weiß. Mir ist
2. strei = ten wi = der al = les, was ist feind. Mir ist
3. sei = ne, weicht nicht, auch bei bö = fer Zeit. Mir ist
4. rüf = fe: ein ge = treu = es Her = ze bleibt. Mir ist
5. frie = den, steht auf, wenn es nie = der = fällt. Ich bin

1—4. wohl bei höch = stem Schmerz, denn ich weiß ein treu = es Herz.
5. froh bei höch = stem Schmerz, denn ich weiß ein treu = es Herz.

P. Fleming.

156. Vögelein im Tannenwald.

1. Vö = ge = lein im Tan=nen=wald pfei=fet so hell, ti = re = li,
2. Vö = ge = lein am küh=len Bach pfei=fet so süß; ti = re = li,
3. Möchte in die wei = te Welt flie=gen wie du, ti = re = li,

1. Vö = ge = lein im Tan=nen=wald pfei=fet so hell!
2. Vö = ge = lein am küh=len Bach pfei=fet so süß,
3. Möch=te in die wei = te Welt flie=gen wie du,

1. Pfei=fet den Wald aus und ein, leh=ret uns im=mer fröhlich sein!
2. pfei=fet den Bach auf und ab, o, wie ich dar=an Freu=de hab'!
3. fort ü = ber Berg, ü = ber Thal, im hei=tern, warmen Sonnenstrahl!

1. Vö = ge = lein im Tan = nen = wald pfei=fet so hell.
2. Vö = ge = lein am küh = len Bach pfei=fet so süß.
3. Möch=te in die wei = te Welt flie=gen wie du.

157. Der Nachtigall Antwort.

Mäßig.   Volksweise.

1. { Nach = ti = gall, Nach = ti = gall, wie sangst du   so schön,
   { Nach = ti = gall, Nach = ti = gall, wie drang doch dein Lied,

2. { Nach = ti = gall, Nach = ti = gall, was schweigest du   nun,
   { War = um willst, war = um willst du   sin = gen nicht mehr,

3. { Wenn der Mai, wenn der Mai, der lieb = li = che Mai,
   { ist es mir, ist es mir   so   ei = gen ums Herz,

1. { sangst du   so schön vor   al = len Vö = ge = lein!
   { drang doch dein Lied in   je = des Herz hin = ein!

2. { schweigest   du nun? Du sangst so kur = ze   Beit.
   { sin = gen nicht mehr? Das thut mir herz = lich   leid.

3. { lieb = li = che Mai mit   sei = nen Blu = men flieht,
   { ei = gen ums Herz, weiß nicht, wie mir . ge = schieht.

1. Wenn du san=gest, rief die gan=ze Welt: Jetzt muß es Frühling
2. Wenn du san=gest, war mein Herz so voll von Lust und Fröhlich=
3. Wollt' ich sin=gen auch, ich könnt' es nicht; denn mir ge=lingt kein

1. sein! Nach=ti = gall, Nach = ti = gall, wie drang doch dein Lied,
2. leit. War=um willst, war=um willst du   sin = gen nicht mehr,
3. Lied. Ja mir ist, ja mir ist   so   ei = gen ums Herz,

1. brang doch dein Lied in je = des Herz hin = ein!
2. sin = gen nicht mehr? Das thut mir herz = lich leid.
3. ei = gen ums Herz, weiß nicht, wie mir ge = schieht.

Hoffmann von Fallersleben.

158. Das Kirchlein.

Mäßig. Volksweise.

1. Ein Kirch=lein steht im Blau=en auf stei=len Ber=ges
2. Ver = ö = det steht es dro = ben, ein Denkmal frü = her
3. Und wenn die Glok=ken klin = gen im fri=schen Morgen=
4. Es weckt sein mil = des Schal = len die Vor=zeit wun=der=

1. Höh', und mir wird beim Be = schau=en des Kirch=leins
2. Zeit. Vom Mor=gen=rot ge = wo = ben wird ihm sein
3. hauch, dann regt mit zar=ten Schwingen sich dort ein
4. bar. Zum Kirchlein seh' ich wal = len dann from=mer

1. wohl und weh, des Kirch = leins wohl und weh.
2. Sonn=tags = kleid, wird ihm sein Sonn = tags = kleid.
3. Glöck = lein auch, sich dort ein Glöck = lein auch.
4. Be = ter Schar, dann from = mer Be = ter Schar.

W. Kilzer.

159. Lied der Freude.

1. Vom ho = hen Him = mel her ward uns die Freu=de,
2. Ver = senkt ins Meer der ju = gend = li = chen Won=ne,
3. So = lang' es Gott ge = fällt, der Freu = de, Brü=der,
4. Ist ei = ner uns'=rer Brü=der dann ge = schie=den,

1. ward uns der Ju = gendtraum ge = sandt: drum laßt uns
2. lacht uns der Freu=den ho = he Zahl, bis einst am
3. laßt uns dies schö = ne Le = ben weih'n, und fällt am
4. vom blaf=sen Tod ge = for = dert ab, so wei = nen

1. mit Ge = sang und Fest = ge = schmei=de ent = ge = gen=
2. Le = bens = a = bend uns die Son = ne nicht mehr ent=
3. A = bend spät der Vor=hang nie = der, ver = gnügt uns
4. wir, und wün=schen Ruh' und Frie=den in un = sers

1. zie = hen Hand in Hand.
2. zückt mit ih = rem Strahl.
3. zu den Vä = tern reih'n.
4. Bru=ders stil = les Grab.

Fei = er = lich schal=le der

1—4. Ju=bel=ge=sang! freut euch der Jugend, sie blü=het nicht lang'!

160. An die Glocke.

Gemütlich langsam. F. E. Fesca.

1. Glok = ke, du klingst fröh=lich, wenn der Hoch=zeit=rei=hen
2. Glok = ke, du klingst tröst=lich, ru = fest du am A = bend,
3. Sprich, wie kannst du kla = gen? wie kannst du dich freu=en?
4. Gott hat Wun=der = ba = res, was wir nicht be=grei=fen,

cresc.

1. zu der Kir = che geht! Glok = ke, du klingst hei = lig,
2. daß es Bet = zeit sei! Glok = ke, du klingst trau=rig,
3. bist ein tot Me = tall! A = ber uns = re Lei = den,
4. Glock', in dich ge = legt! Muß das Herz ver = sin = ken,

dim. *p*

1. wenn am Sonn=tag=mor=gen öd' der Ak = ker steht!
2. ru = fest du: das bitt'=re Scheiden ist vor=bei!
3. a = ber uns = re Freu=den du ver=stehst sie all'!
4. du nur kannst ihm hel = fen, wenn's der Sturm be=wegt.

A. Schreiber.

161. Zufriedenheit.

Volkslied.

1. { Was frag' ich viel nach Geld und Gut, wenn
   { Giebt Gott mir nur ge = fun = des Blut, so

2. { So man = cher schwimmt im Ü = ber = fluß, hat
   { und ist doch im = mer voll Ver = druß und

3. { Da heißt die Welt ein Jam = mer = thal und
   { hat Freu = den oh = ne Maß und Zahl, läßt

4. { Und uns zu = lie = be schmük = ken ja sich
   { und Vö = gel fin = gen fern und nah, daß

5. { Und wenn die gold'= ne Sonn' auf=geht, und
   { wenn al = les in der Blü = te steht, und

6. { Dann preif' ich laut und lo = be Gott und
   { und denk': Es ist ein lie = ber Gott, und

1. { ich zu = frie = den bin! } und fing' aus dank = ba=
   { hab' ich fro = hen Sinn, }

2. { Haus und Hof und Geld, } je mehr er hat, je
   { freut sich nicht der Welt: }

3. { deucht mir doch so schön, } Das Kä = fer = lein, das
   { kei = nen leer aus=geh'n. }

4. { Wie = fe, Berg und Wald; } Bei Ar = beit singt die
   { al = les wie = der hallt. }

5. { gol = den wird die Welt; } dann denk' ich: Al = le
   { Äh = ren trägt das Feld; }

6. { schweb' in ho = hem Mut, } Drum will ich im = mer
   { meint's mit Men = schen gut! }

1. rem Ge=müt mein Mor=gen= und mein A = benb=lied.
2. mehr er will; nie schwei=gen sei = ne Kla=gen still.
3. Vö = ge=lein darf sich ja auch des Mai=en freu'n.
4. Lerch' uns zu, die Nach=ti=gall bei sü = ßer Ruh'.
5. die = se Pracht hat Gott zu mei=ner Lust ge=macht.
6. dank=bar sein und mich der Gü = te Got=tes freu'n.

M. Miller.

162. Heidenröslein.

Etwas langsam.   H. Werner.

1. Sah ein Knab' ein Rös = lein steh'n, Rös=lein auf der
2. Kna = be sprach: „Ich bre = che dich, Rös=lein auf der
3. Und der wil = be Kna = be brach's Rös=lein auf der

1. Hei=den, war so jung und mor=gen=schön; lief er schnell, es
2. Hei=den!“ Röslein sprach: „Ich ste=che dich, daß du e = wig
3. Hei=den; Röslein wehr = te sich und stach, half ihm doch kein

1. nah' zu seh'n, sah's mit vie = len Freuden.
2. denkst an mich, und ich will's nicht lei=den.“ ⎬ Röslein, Röslein,
3. Weh und Ach, mußt' es e = ben lei=den.

1—3. Rös=lein rot, Rös=lein auf der Hei = den.

W. v. Goethe.

163. Freut euch des Lebens.

Nicht zu geschwind.   H. G. Nägeli.

1—5. Freut euch des Le = bens, weil noch das Lämpchen glüht;

Fine.

1—5. pflük=ket die Ro = se, eh' sie ver = blüht!

Einzelne.

1. Man schafft so gern sich Sorg' und Müh', sucht
2. Wenn scheu die Schöpfung sich ver = hüllt, und
3. Wer Neid und Miß=gunst sorg = sam flieht und
4. Wer Red = lich = keit und Treu = e übt und
5. Und wenn der Pfad sich furcht = bar engt und

1. Dor=nen auf und fin=det sie und läßt das Veil=chen
2. laut der Don=ner ob uns brüllt, so lacht am A = bend
3. G'nügsam=keit im Gärtchen zieht, dem schießt sie schnell zum
4. gern dem är=mern Bru=der giebt, bei dem baut sich Zu=
5. Miß=ge = schick uns plagt und drängt, so reicht die Freundschaft.

Chor da capo al fine.

1. un = be = merkt, das uns am We=ge blüht!
2. nach dem Sturm die Son=ne, ach so schön!
3. Bäumchen auf, das gold'=ne Früch=te trägt.
4. frie = den = heit so gern ihr Hütt=chen an.
5. schwes=ter = lich dem Red = li = chen die Hand.

164. Froh, wie die Libell'.

Munter.   F. v. Oller.

1. Froh, wie die Li = bell' am Teich, froh sein macht
2. Froh im Bäch = lein ist der Fisch, froh sein macht
3. Froh ist Vo = gel in dem Nest, froh sein ist's
4. Froh, wie lie = be En = ge = lein, froh will ich

1. leicht und reich, braucht nicht zu bor = gen, braucht nicht zu
2. rasch und frisch; scher = zen und mun = ter, auf und hin =
3. al = ler = best', sanft sich zu wie = gen, ju = belnd zu
4. im = mer sein; was mir be = schie = den, nehm' ich zu =

1. sor = gen, le = bet von Licht und Luft; le = bet von
2. un = ter taucht er im Was = ser schnell, labt sich an
3. flie = gen, sin = gend bald hier, bald dort, glück = lich an
4. frie = den, Schmerzen und Sorg' und Müh' kom = men ja

1. Blu = men = duft. Froh = sinn, Froh = sinn, Froh = sinn macht reich!
2 je = dem Quell; Froh = sinn, Froh = sinn, Froh = sinn macht frisch.
3. = je = dem Ort. Froh = sinn, Froh = sinn ist's al = ler = best'.
4. spät und früh. Froh = sinn, Froh = sinn! Froh will ich sein!

R. Löwenstein.

165. Die Schwalben.

Schnell und leicht.

Rob. Schumann.

1. Es flie = gen zwei Schwal=ben ins Nach=bar sein
2. Sie ge = hen jetzt fort — ins neu = e
3. Und kom=men sie wie=der zu uns — zu=

1. Haus, sie flie = gen balb hoch, balb nie = ber, aufs
2. Land, und zie=hen jetzt ei = lig hin = ü = ber; doch
3. rück, der Bau=er geht ih=nen ent=ge = gen; sie

1. Jahr — ba kommen sie, ba kom=men sie wie=ber und
2. kom=men sie wie = ber, sie wie=ber her = ü = ber, bas
3. brin=gen ihm viel = mal, ihm viel=mal ben Se=gen, sie

1. su = chen, und su=chen ihr vo = ri=ges Haus.
2. ist ei = nem je = ben, je = ben be = kannt.
3. brin=gen ihm Wohlstanb, ihm Wohlstanb und Glück!

166. Knurre, Rädchen, schnurre.

Aus „Die Jahreszeiten".

Bewegt.   J. Haydn.

1—3. Knurre, knurre, knur = re, schnurre, Räd=chen, schnurre!

Einzelne.   cresc.

1. Dril = le, Räd=chen, lang und fein,   dril = le   fein   ein
2. We = ber,   we = be   zart und fein,   we = be   fein   das
3. Fro = hen Muts, im   Her = zen rein,   flei = ßig, fromm und

1. Fä = be = lein   mir   zum zar = ten Schlei = er.
2. Schlei=er = lein   mir   zur Hoch=zeit = fei = er.
3. sitt = sam sein   macht uns lieb und   teu = er.

Alle.

1 Dril = le, Räd=chen, lang und fein,   dril = le   fein   ein
2. We = ber, we = be   zart und fein,   we = be   fein   das
3. Fro = hen Muts, im   Her = zen rein,   flei = ßig, fromm und

1. Fä = be = lein,   mir   zum zar=ten Schlei=er.
2. Schleier = lein   mir   zur Hoch=zeit = fei = er.
3. sitt = sam sein   macht uns lieb und   teu = er.

167. Sah ein Knab'.

Lieblich.   Franz Schubert.

1. Sah ein Knab' ein Röslein steh'n, Röslein auf der Heiden,
2. Kna = be sprach: „Ich bre=che dich, Röslein auf der Heiden!"
3. Und der wil = de Kna = be brach's Röslein auf der Heiden;

1. war so jung und mor = gen=schön, lief er schnell, es
2. Rös=lein sprach: „Ich ste = che dich, daß du e = wig
3. Rös=lein wehr= te sich und stach, half ihm doch kein

1. nah' zu seh'n, sah's mit vie = len Freu = den.
2. denkst an mich, und ich will's nicht lei = den."
3. Weh und Ach, mußt' es e = ben lei = den.

1-3. Röslein, Röslein, Rös=lein rot, Röslein auf der Hei = den.

W. v. Goethe.

168. Die Lorelei.

Mäßig bewegt.   Fr. Silcher.

1. Ich weiß nicht, was soll es be = deu = ten, daß
2. Die schön = ste Jung = frau sit = zet dort
3. Den Schif = fer im klei = nen Schif=fe er=

1. ich so trau=rig bin; ein Mär=chen aus al = ten
2. o = ben wun=der = bar, ihr gold'=nes Ge=schmeibe
3. greift es mit wil=dem Weh; er schaut nicht die Fel=sen=

1. Zei = ten, das kommt mir nicht aus dem Sinn. Die
2. blit = zet, sie kämmt ihr gol = be = nes Haar; sie
3. rif = fe, er schaut nur hin=auf in die Höh'. Ich

1. Luft ist kühl und es dun=kelt, und ru=hig fließt der
2. kämmt es mit gol = be = nem Kam = me und singt ein Lied ba=
3. glau = be, die Wel=len ver=schlin=gen am En=be Schiffer und

1. Rhein; der Gip=fel bes Ber=ges fun = kelt im
2. bei; das hat ei = ne wun=ber=fa = me, ge=
3. Kahn; und das hat mit ih = rem Sin = gen bie

1. A = benb=fon = nen = schein.
2. wal = ti = ge Me=lo = bei.
3. Lo = re = lei ge = than.

Heinr. Heine.

169. Eintracht und Liebe.

Getragen.

F. F. Flemming.

1. Nur in des Her = zens hei = lig ern=ster Stil = le
2. Ein=tracht und Lie = be hal=ten uns zu = sam = men,
3. Rast = los und fröh = lich trei=ben unf're Blü = ten;

1. kann erst das Le = ben schö=ner sich ge = stal=ten;
2. wie auch im Wech = sel steigt und fällt das Le = ben.
3. wenn schon der Ju = gend Ster=ne ab=wärts zo = gen,

1. nur wo der Ein = tracht sanf=te Geis=ter wal = ten,
2. Aufwärts die Blik = le; kräf=tigt eu = er Stre = ben,
3. win = ken sie freund = lich doch von fer = nen Bo = gen,

1. stärkt sich der Wil = le.
2. wah = ret die Flam = men.
3. (p) Ru = he und Frie = den.

Ch. J. P. Schulz.

170. Das Schiff streicht durch die Wellen.

1. { Das Schiff streicht durch die Wel = len, Fi = be =
     Vom Oft die Se = gel schwel = len, Fi = be =
2. { Ihr dun = kel = blau = en Wo = gen, Fi = be =
     wo kommt ihr her = ge = zo = gen? Fi = be =
3. { Was ich jetzt fern muß sin = gen, Fi = be =
     bald soll dir's nä = her klin = gen; Fi = be =

1. { lin, Fi = be = lin.
     lin, Fi = be = lin. } Ver = schwun=den ift der
2. { lin, Fi = be = lin,
     lin, Fi = be = lin. } Kommt ihr vom fer = nen
3. { lin, Fi = be = lin,
     lin, Fi = be = lin. } Meine Fahrt ift bald vor=

1. Strand in die Fer = ne: o wie ger = ne wär' ich
2. Strand? Laß fie rol = len; denn fie fol = len noch zu=
3. bei. Mei = ne Lie = ber bring' ich wie = der und mit

1. doch im Hei = mat = land, Fi = be = lin, Fi = be = lin!
2. rück zum Hei = mat = land, Fi = be = lin, Fi = be = lin!
3. ih = nen mei = ne Treu'. Fi = be = lin, Fi = be = lin!

171. Vöglein im hohen Baum.

Gemäßigt.   Fr. Silcher.

1. Vög = lein im ho = hen Baum, klein ist's, ihr seht es kaum,
2. Blüm = lein im Wie = sen = grund blü = hen so lieb und bunt,
3. Wäs = ser = lein fließt so fort, im = mer von Ort zu Ort
4. Habt ihr es auch be = dacht, wer hat so schön ge = macht

1. singt doch so schön, daß wohl von nah und fern al = le die
2. tau = send zu = gleich. Wenn ihr vor = ü = ber geht, wenn ihr die
3. wie = der ins Thal; dür = stet nun Mensch u. Vieh, kom = men zum
4. al = le die drei? Gott, der Herr, mach = te sie, daß sich nun

1. Leu = te gern hor = chen und steh'n, hor = chen und steh'n.
2. Far = ben seht, freu = et ihr euch, freu = et ihr euch.
3. Bäch = lein sie, trin = ken zu = mal, trin = ken zu = mal.
4. spät und früh je = des d'ran freu', je = des d'ran freu'.

Wilhelm Hey.

172. Sehnen.

Mäßig.   M. Hauptmann.

1. In die Lüf = te möcht' ich stei = gen mit der
2. Mit den Wol = ken möcht' ich ei = len, mit den

1. Ler = che wohl = ge = mut, wie = gen mich auf grü = nen
2. Lüf = ten schnell be = wegt, möch = te fern am Stran=de

1. Zwei=gen, wo das Mond=licht fil = bern ruht.
2. wei = len, wo die Flut sich brau = send regt!

1. Mit dem Frösch=lein möcht' ich tau = chen tief hin=
2. Ach, viel=leicht hoch in den Lüf = ten o = der

1. ein in blau = e Flut, dort im Wo = gen = schoß ver=
2. tief im Wo = gen = schoß, o = der in den Blu = men=

1. hau = chen mei = nes Seh=nens mächt' = ge Glut!
2. düf = ten würd' ich wie = der sehn = suchts = los!

R. F. H. Straß.

173. Der Fichtenbaum.

Mäßig.   Alte Volksweise.

1. Die al = te Fich = te schwan = ket ein = sam auf
2. Die Fich = te tief ver = sun = ken in dunk = len
3. „O Fich = ten=baum dort o = ben, du fin = ste=
4. Da rüh = ret er mit Trau = ern der Zwei = ge
5. „Daß balb die Axt mich su = chet zu bei = nem

1. grau = er Höh'; der Kna = be zieht im Na = chen ent=
2. Träu=men sinnt; der Kna = be kos't der Wel = le, die
3. rer Ge = sell, was schaust du stets so trü = be auf
4. küh = len Saum und spricht in lei = sen Schau = ern — der
5. To = ten=schrein, das macht mich stets so trü = be, ge=

1. lang den blau = en See.
2. schäu=menb nie = ber = rinnt.
3. mich zu die = ser Stell'?“
4. al = te Fich = ten = baum:
5. benk' ich, Kna = be, dein!“

Georg Scheurlin.

174. Aus der Jugendzeit.

Einfach.   Rob. Radecke.

1. Aus der Ju = genb=zeit, aus der Ju=genbzeit klingt ein
2. O du Hei = mat=flur, o du Hei=mat=flur, laß zu
3. Wohl bie Schwal=be kehrt, wohl bie Schwalbekehrt, und der

1. Lieb mir im = mer = bar; o wie liegt so weit, o wie
2. bei = nem sel' = gen Raum mich noch ein = mal nur, mich noch
3. lee = re Kaf = ten schwoll. Ist das Herz ge = leert, ist das

1. liegt so weit, was mein, was mein einst war. Was die
2. ein = mal nur ent = flieh'n, entflieh'n im Traum. Als ich
3. Herz ge = leert, wird's nie, wird's nie mehr voll. Kei = ne

1. Schwal = be sang, was die Schwal=be sang, die den
2. Ab = schied nahm, als ich Ab = schied nahm, war die
3. Schwal = be bringt, kei = ne Schwal=be bringt dir zu=

1. Herbst und Früh=ling bringt, ob das Dorf ent=lang, ob das
2. Welt mir voll so sehr, als ich wie = der=kam, als ich
3. rück, wo=nach du weinst, doch die Schwalbe singt, doch die

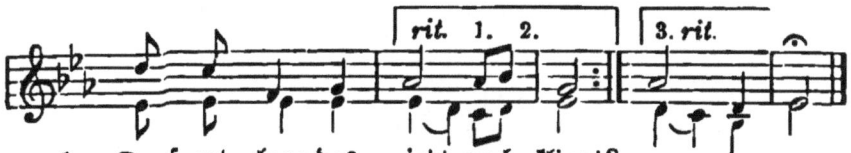

1. Dorf ent = lang das jetzt noch klingt?
2. wie = der = kam, war al = les leer.
3. Schwalbe singt im Dorf wie einst.

F. Rückert.

175. Blümlein auf der Heide.

Anmutig.   Volksweise.

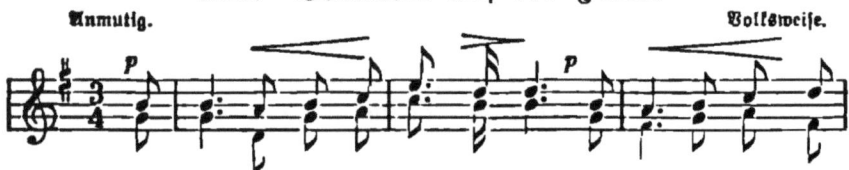

1. So viel der Mai auch Blümlein beut zu Trost und Au = gen=
2. Ich seh' ver=grü=nen und verblüh'n die Welt im Frühlings=
3. Kein Win=ter kann, o Blü=me=lein, dir je was thun zu=

1. wei = de, ich weiß nur eins, das mich er = freut, ich
2. klei = de, du a = ber bleibst mein Im = mer=grün, du
3. lei = de, ich schloß dich in mein Herz hin = ein, ich

1. weiß nur eins, das mich er = freut: das
2. a = ber bleibst mein Im=mer=grün, du   } Blümlein auf der
3. schloß dich in mein Herz hin = ein, du

1—3. Hei=de, auf der Hei = be, das Blümlein auf der
               2. 3. du

1—3. Hei=de, auf der Hei = de.

Hoffmann v. Fallersleben.

176. Der Lindenbaum.

Mäßig.   Franz Schubert.

1. Am Brun=nen vor dem Tho=re, da steht ein Lin=den=
2. Ich mußt auch heu=te wan=dern vor=bei in tie=fer
3. Die kal=ten Win=de blie=sen mir grad' ins An=ge=

1. baum, ich träumt' in sei=nem Schatten so manchen sü=ßen
2. Nacht, da hab' ich noch im Dun=kel die Au=gen zu=ge=
3. sicht, der Hut flog mir vom Kop=fe, ich wen=de=te mich

1. Traum; ich schnitt in sei=ne Rin=de so man=ches lie=be
2. macht. Und sei=ne Zwei=ge rauschten, als rie=fen sie mir
3. nicht. Nun bin ich man=che Stunden ent=fernt von je=nem

1. Wort, es zog in Freud und Lei=de zu ihm mich im=mer=
2. zu: Komm her zu mir, Ge=sel=le, hier find'st du dei=ne
3. Ort, und im=mer hör' ich's rauschen: Du fän=dest Ru=he

1. fort, zu ihm mich im=mer=fort.
2. Ruh', hier find'st du dei=ne Ruh'.
3. dort, du fän=dest Ru=he dort.

Wilhelm Müller.

177. Der rote Sarafan.

Ruhig bewegt.

Russisches Volkslied.

Näh' nicht, lie = bes Müt = ter = lein, am ro = ten Sa = ra =

fan, nutz = los wird die Ar = beit sein, drum stren = ge

dich nicht an.

{ Toch = ter, setz' dich nie = der an
  Fröh = lich magst du sin = gen, als

mei = ner Sei = te hier, Ju = gend kehrt nicht wie = der, wich
wie die Lerch' im Mai, la = chen, tan = zen, springen, doch

sie ein = mal von dir.
balb ist das vor = bei. }

Denn es kom = men

Jah = re, wo Luft und Freu = de flieh'n, und die wel = ken

Wan=gen Fal=ten ü=ber=zieh'n, und die wel=ken

Wan=gen Fal=ten ü=ber=zieh'n. Ich sang auch einst

Lie=ber, lach=te, tanzt' und sprang; steif sind jetzt die

Glie=der, hin=kend ist mein Gang. An dem Sa=ra=

fan zu näh'n, heißt mich Er=in=ne=rung, kann ich

dich drin tan=zen seh'n, fühl' ich mich wie=der jung.

178. Gottes Rat und Scheiden.

Getragen.   F. Mendelssohn-Bartholdy.

1. Es ist be = stimmt in Got = tes Rat, daß
2. So dir ge = schenkt ein Knösp = lein was, so

1. man vom Lieb = sten, was man hat, muß schei = den, muß
2. thu' es in ein Was = ser = glas, doch wis = se, doch

1. schei = den; wie = wohl doch nichts im Lauf der Welt dem
2. wis = se: blüht mor = gen dir ein Rös = lein auf, es

1. Her = zen, ach, so sau = er fällt als Schei = den, als
2. welkt wohl schon die Nacht dar = auf; das wis = se, das

1. Schei = den! ja Schei = den! 3. Nun mußt du mich auch
2. wif - fel! ja wif = fel!

3. recht ver=steh'n, nun mußt du mich auch recht ver=

3. steh'n: wenn Menschen aus = ein = an = der geh'n, so

3. ja = gen sie: auf Wie = der =seh'n! auf Wie=der=seh'n! auf

3. Wie = der = seh'n! auf Wie = der = seh'n!

E. v. Feuchtersleben.

179. Kanon.

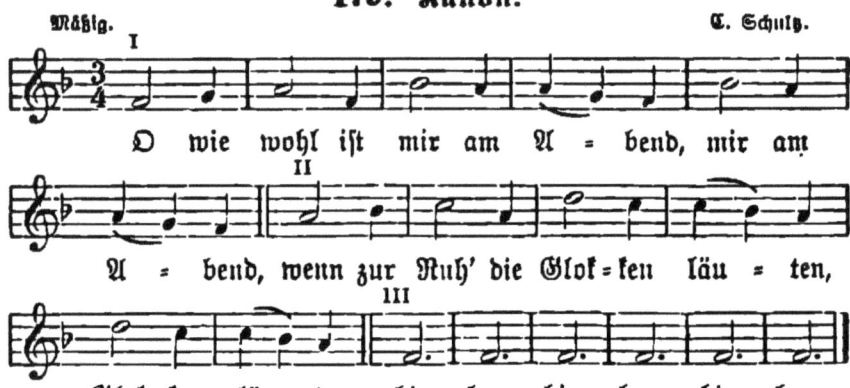

O wie wohl ist mir am A = bend, mir am

A = bend, wenn zur Ruh' die Glok=ken läu = ten,

Glok=ken läu = ten: bim, bam, bim, bam, bim, bam.

Anmerkung. Wie die Stimmen nacheinander anfangen, so hören sie dementsprechend auch nacheinander auf.

180. Kanon.

Gro = ße Uh = ren ge = hen tick, tack, tick, tack!

Klei = ne Uh = ren ge = hen tick tack, tick tack,

tick tack, tick tack, und die klei = nen Ta = schen=uh = ren

tik = ke tak=ke tik=ke tak=ke tik=ke tak=ke tick!

181. Kanon (4stimmig).

Die Glok=ke zu Ka=per=na=um geht bum! bum! bum!

Anhang.

Zwei dreistimmige patriotische Festgesänge.

182. Das deutsche Reich.

Mäßig.   Oskar Schwalm.

1. Dem Land, wo mei = ne Wie = ge stand, ist
2. Wie lieb = lich sind hier Berg und Thal, die
3. Mein Kai = ser a = ber thront als Held in

1. doch kein an = dres gleich, es ist mein lie = bes
2. Wäl = der wie so schön, wie lok = kend auch im
3. tapf = rer Hel = den = schar und führt in sei = nem

1. Va = ter = land und heißt: das deut = sche Reich.
2. Son = nen = strahl die reb = um = kränz = ten Höh'n.
3. Wap = pen = schild den sieg = ge = wohn = ten Aar.

13*

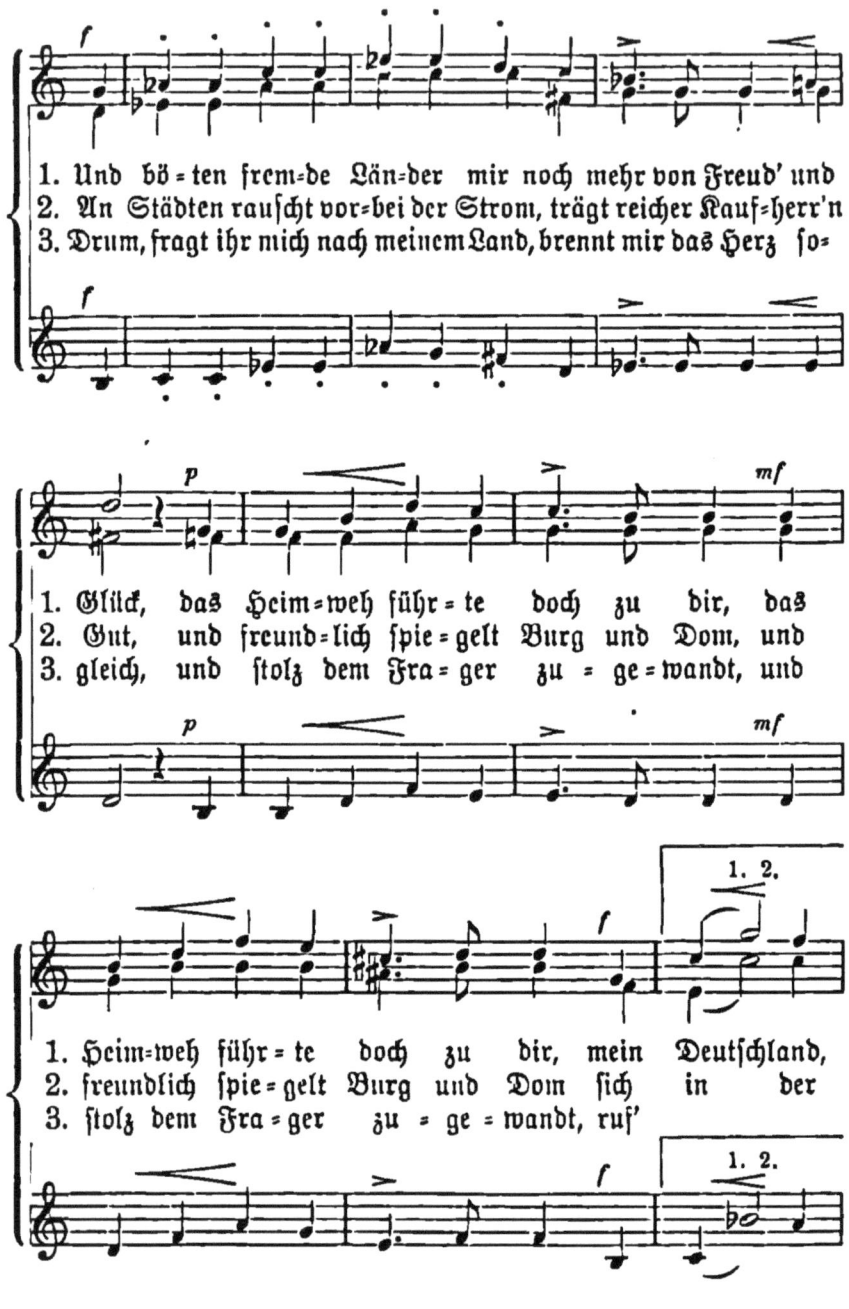

1. Und bö=ten frem=de Län=der mir noch mehr von Freud' und
2. An Städten rauscht vor=bei der Strom, trägt reicher Kauf=herr'n
3. Drum, fragt ihr mich nach meinem Land, brennt mir das Herz so=

1. Glück, das Heim=weh führ=te doch zu dir, das
2. Gut, und freund=lich spie=gelt Burg und Dom, und
3. gleich, und stolz dem Fra=ger zu=ge=wandt, und

1. Heim=weh führ=te doch zu dir, mein Deutschland,
2. freundlich spie=gelt Burg und Dom sich in der
3. stolz dem Fra=ger zu=ge=wandt, ruf'

1. 2.

1. mich zu = rück, mein Deutschland, mich zu = rück!
2. blau = en Flut, sich in der blau = en Flut.

3. ich: das deut = sche Reich, das deut = sche Reich!

Jul. Sturm.

183. Die Rose Deutschlands.

Zur Sedanfeier.

Begeistert.   Oskar Schwalm.

1. Die Ro = se Deutschlands blüh = te auf, als mit Hur =
2. Die Ro = se Deutschlands blüh = te auf, im Schlachten =
3. Die Ro = se Deutschlands blüh = te auf, als an dem
4. So blüh' denn in der Zei = ten Lauf, du Wun = der =

1. ra die Wacht am Rhein wie Wo=gen=prall im Stur=mes=
2. tan=ze blu=tig=rot, als jach zer=stob des Fein=des
3. Marn'=und Sei=ne=strand in star=ker Faust des Schwertes
4. blu=me, im=mer=dar! Der Zol=ler ist der rech=te

1. lauf nach Frankreich brach zum Kampf hin=ein. Als
2. Hauf' am Mo=sel=strom in Not und Tod! Als
3. Knauf, den Strauß auch un=ser Heer be=stand! Als
4. Stauf, zur Son=ne steigt em=por sein Aar! Er

1. kühn der Was=gen=wald ge=nommen und Spicherns Ber=
2. Sturm um Sturm vor=ü=ber braus=te und Ei=sen=ha=
3. Ba=bel fiel, von uns um=schlos=sen mit Pan=zer=ar=
4. schützt und schirmt dich, stark be=weh=ret, daß bei=ne Her=

1. ges = höh' er = klommen, als un = sre Hee = re, Hand in
2. gel schmetternd sauf = te, als wuch = tig folg = te Schlag auf
3. men un = ver = dros = sen, und schwe = rer Kampf in Eis und
4. lich = keit ge = eh = ret, daß du ge = rüh = met fort und

legato

1. Hand, er = ran = gen sich der Ein = heit Pfand! ⎫
2. Schlag, bis an der Maas der Feind er = lag! ⎪ Heil, Ro=se
3. Schnee entbrannt vom Ju = ra bis zur See! ⎬
4. fort vom Fels zum Meer in Lied und Wort! ⎭

legato

1-4. Deutschlands, heh = re, ho = he, dir kommt an Glanz nicht

1-4. an = dre gleich! Gott seg = ne dich, du sie = ges=

1-4. fro=he, — Heil, Ro = se Deutschlands, Heil, Heil dem

1-4. Kai = ser, Heil, Heil, Heil dem Reich!

Chorgesangschule.

A. Allgemeine musikalische Elementarlehre.

Die Musik beschäftigt sich mit Tönen, welche unter den Namen
c d e f g a h
in verschiedener Höhe vorhanden sind. Zu ihrer Darstellung dienen
die Tonzeichen oder Noten. Man schreibt dieselben auf einem aus
fünf Linien bestehenden System im Violin- (𝄞) oder Baß- (𝄢)
Schlüssel:

1. auf die Linien,
2. in die Zwischenräume,
3. über oder unter das System, wobei dann sogenannte
   Hilfslinien zur Anwendung kommen.

Innerhalb des Violinschlüssels heißen die Noten:

Ihrem Werte oder ihrer Dauer entsprechend haben die Noten
verschiedene Gestalt. Ganze Noten werden mit einem (weißen)
Kopf bezeichnet; erhält dieser einen Hals, dann wird die Note zur
Halben. Schwarze Köpfe mit Hals sind Viertel-Noten, ein
Fähnchen am Hals dazu bedeutet Achtel-, zwei Fähnchen Sech-
zehntel-Noten. Für jedes Ton- giebt es auch ein Schweige-
zeichen — Pause.

Man notiert also in folgender Weise:

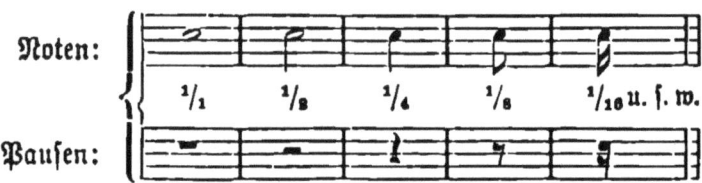

Hinter der Note oder Pause stehende Punkte verlängern jene um ihren halben Wert. Punktierte ganze Noten ⟨♩⟩ gelten demnach drei Halbe, punktierte Viertelnoten ⟨♩⟩ drei Achtel u. s. w.

Jeder Ton kann versetzt, d. h. um einen halben Ton er=höht oder erniedrigt werden. Ein Kreuz ♯ vor der Note bedeutet die Erhöhung, ein Be ♭ die Erniedrigung. Die damit zusammenhängende Veränderung des Namens geschieht erstenfalls durch Anhängung der Silbe is, zweitenfalls durch Anhängung der Silbe es. Sage (Abweichungen beachtend):

cis dis eïs fis gis aïs his   ces des es fes ges as b.

Alle diese Versetzungen sind entweder bauernd — für ein Tonstück — oder zufällig — nur für einen Takt geltend. Zu ihrer Auf=hebung bedient man sich des Wiederherstellungszeichens ♮, welches Quadrat genannt wird.

Stufenweise aufeinanderfolgende Töne bilden, wenn sie von einem Grundton bis zu dessen Wiederkehr auf= oder abwärts schreiten, eine Tonleiter (Skala). Nur aus Halbtönen bestehende Tonleitern heißen chromatische zum Unterschiede von den diato=nischen, welche ganze und halbe Tonstufen aufweisen. Folgen Töne so aufeinander wie die Stammtöne c d e f g a h c — d. h. kommen nach dem Grundton zwei ganze und eine halbe, darauf drei ganze und eine halbe Stufe, dann ergeben sie die Durtonleiter, deren Anfangston ihr den Namen leiht. Die Töne c d e f g a h c sind also in dieser Folge die C-dur=Tonleiter und in ihrer Gesamtheit und mit den Accorden, die sich daraus auf=

bauen laſſen, die C-dur-Tonart. Mit Hilfe der Verſetzungen erhält man:

C-dur.

G-dur.

D-dur.

A-dur.

E-dur.

H-dur.

F-dur.

B-dur.

Es-dur.

As-dur.

Des-dur.

Ges-dur.

Den Dur= (hart) Tonleitern ſtehen die Moll= (weich) Ton= leitern gegenüber, ſo zwar, daß jede Durtonleiter ihre „verwandte“ Molltonleiter hat. Der Grundton der letzteren liegt immer zwei diatoniſche Stufen tiefer als der Grundton der erſteren; es gehören alſo zu C-dur — A-moll, G-dur — E-moll, F-dur — D-moll u. ſ. f. Zur Herſtellung des Leittonverhältniſſes — des im Halbton er= folgenden Fortſchrittes der ſiebenten in die achte Stufe — müſſen beim Aufwärtsſchreiten die 6. und 7. Stufe erhöht werden. Beiſpielsweiſe lautet A-moll wie folgt:

Die für eine Tonart nötigen Versetzungen werden nicht in jedem einzelnen Falle, sondern sämtlich vorweg angegeben, unmittelbar nach dem Schlüssel.

G-dur   D-dur   A-dur   E-dur   H-dur   F-dur   B-dur
E-moll   H-moll   Fis-moll   Cis-moll   Gis-moll   D-moll   G-moll

Es-dur   As-dur   Des-dur   Ges-dur.
C-moll   F-moll   B-moll   Es-moll.

Die Entfernung zweier Töne voneinander heißt Intervall (Zwischenraum). Nimmt man eine Stufe als Grundton (Prime) an, so heißt die zweite Sekunde, die dritte Terz, die vierte Quarte, die fünfte Quinte, die sechste Sexte, die siebente Septime und die achte Oktave. In der Durtonleiter sind Prime, Quarte, Quinte und Oktave rein, die übrigen Intervalle groß. Um einen Halbton verringerte große Intervalle heißen klein; um noch einen Halbton kleiner als kleine und reine sind verminderte, um einen Halbton größer als groß oder rein sind übermäßige Intervalle. Beispiel:

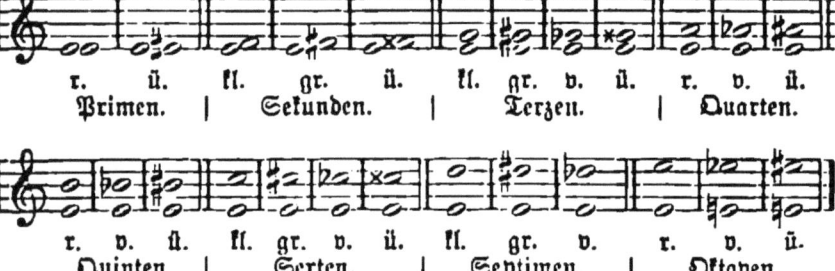

r.   ü.   kl.   gr.   ü.   kl.   gr.   v.   ü.   r.   v.   ü.
Primen. | Sekunden. | Terzen. | Quarten.

r.   v.   ü.   kl.   gr.   v.   ü.   kl.   gr.   v.   r.   v.   ü.
Quinten. | Sexten. | Septimen. | Oktaven.

Jedes Musikstück besteht aus einzelnen Takten, d. h. bestimmten gleichwertigen Gruppen, welche in der Schrift durch senkrechte (Takt=) Striche abgeteilt werden. Man unterscheidet gerade ($^2/_2$, $^2/_4$), ungerade ($^3/_2$, $^3/_4$, $^3/_8$) und zusammengesetzte

Taktarten (⁴/₄, ⁶/₈, ⁹/₈). Die Taktart, in welcher ein Stück ge-
schrieben ist, wird hinter der Tonartbezeichnung vermerkt.

will also sagen „in G-dur (E-moll)" und im ³/₄ Takt.

Der unvollkommene, mit einem leichten Taktteil beginnende An-
fangstakt, welcher sich in der Regel mit dem Schlußtakt desselben
Tonstückes zu einem vollen Takt vereinigt, wird Auftakt genannt.
Mit einem solchen beginnt z. B. das Lied:

Dort un = ten in der Müh = le.

B. Zum ersten Singunterricht.

Die Stimmen der Menschen sind, dem Geschlecht gemäß, ent-
weder männliche oder weibliche. Man unterscheidet dabei höhere
und tiefere, welche bei den männlichen Tenor und Baß, bei den
weiblichen Sopran und Alt genannt werden. Kinder haben
weibliche Stimmen mit einem mittleren Umfange von mindestens
einer Oktave. Das Haupterfordernis für jeden Singenden ist gute
Tonbildung. Diese wird erzielt durch Beherzigung folgender
Grundsätze:

1. Befleißige dich einer ungezwungenen Haltung des ganzen
   Körpers, welche jede Beeinträchtigung des Kehlkopfes aus-
   schließt.
2. Atme tief, geräuschlos und vorzugsweise durch die Nase.
3. Laß den Atem langsam ausströmen und so, daß er sich an
   den Zähnen bricht. (Kehl-, Nasen- und Gaumentöne
   sind häßlich.)
4. Nimm den Ton „auf den Kopf", d. h. setze nicht zu tief
   oder hoch ein.
5. Bilde Ton und Vokal zu gleicher Zeit.
6. Halte auf gute Aussprache: reine Vokale und deutliche Kon-
   sonanten; insbesondere bilde das „r" nicht im Rachen, son-
   dern mit der Zungenspitze.
7. Nimm nicht mitten in einem Worte Atem und betone nur
   gute Silben.

Unter Berücksichtigung dieser Hauptregeln sind die ersten Übungen zunächst auf dem Vokal a vorzunehmen, später auf e i o u ö ü. Zur Ausgleichung des Stärkeverhältnisses empfiehlt es sich alle Vokale abwechselnd auf einen Ton zu singen, wobei indes auf glatte Verbindung zu achten ist. Das Singen auf la ist nicht empfehlenswert.

C. Treffübungen

innerhalb der C-dur-Tonleiter.

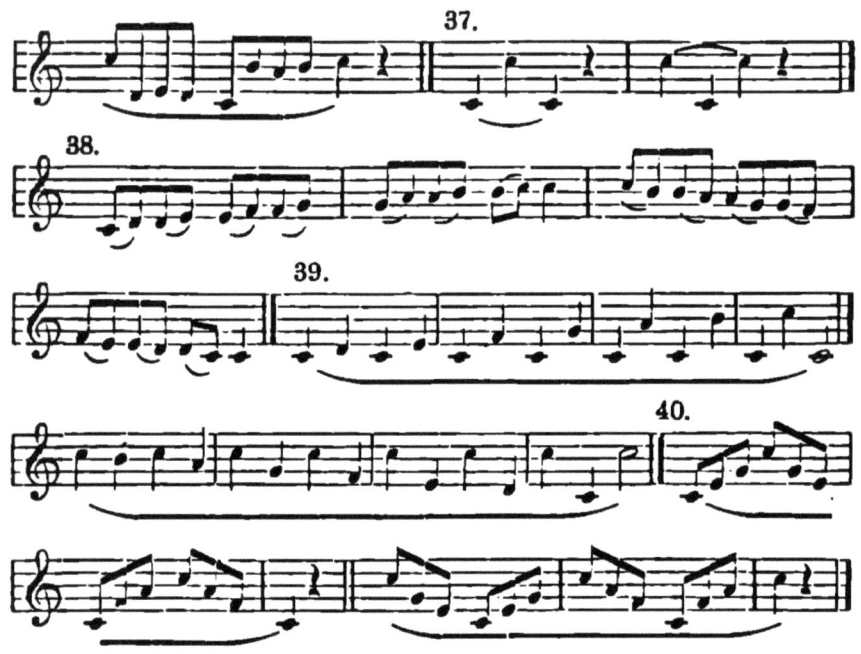

D. Die wichtigsten Vortragsbezeichnungen.

Allegro, schnell.
Allegretto, munter.
Andante, gehend.
Moderato, mäßig.
Vivace, lebhaft.
Adagio, langsam.
Largo, breit.
ritardando, zögernd.
stringendo, eilend.
accelerando, beschleunigend.
legato, gebunden.
staccato, gestoßen.

piano, *(p)* leise.
pianissimo, *(pp)* sehr leise.
forte, *(f)* stark.
fortissimo, *(ff)* sehr stark.
mezzo forte, *(mf)* halb= (mittel=) stark.
dolce, süß, sanft.
espressivo, ausdrucksvoll.
crescendo, zunehmen (im Ton).
decrescendo, abnehmen (schwächer
   werdend).
diminuendo, schwächer werdend.
parlando, wie gesprochen.
Da capo, — vom Anfang.

Inhaltsverzeichnis.

Anhang.

Inhaltsverzeichnis.

---

184. Gebet während der Schlacht.

Feierlich langsam.   F. H. Himmel.

1. Va = ter, ich ru - fe dich! Brüllend um=wölkt mich der

Dampf der Ge=schüt=ze, sprü-hend um - zuk=ken mich

raf = feln=de Blit = ze. Len = ker der Schlachten, ich

ru = fe dich! Va - ter, du füh = re mich!

2. Va = ter, du füh = re mich! Führ' mich zum Sie = ge

führ' mich zum To = de: Herr, ich er = ken = ne

bei = ne Ge = bo = te; Herr, wie du willst, so füh = re mich!

Gott, ich er = ken = ne dich! 3. Gott, ich er = ken = ne

dich! So im herbst = li = chen Rauschen der Blät = ter

als im Schlachten = don = ner = wet = ter, Urquell der

Gna = de, er = kenn' ich dich, Va = ter, du seg = ne mich!

4. Va = ter, du feg = ne mich! In dei = ne Hand be =

fehl' ich mein Le = ben: du kannst es neh = men, du

haft es ge = ge = ben; zum Le = ben, zum Ster=ben

feg' = ne mich! Va = ter, ich prei = fe dich!

5. Gott, dir er = geb' ich mich! Wenn mich die Donner des

To = des be = grü = ßen, wenn mei = ne A = dern ge =

1*

öff - net flie=ßen: dir, mein Gott, dir er = geb' ich mich!

Va = ter, ich ru = fe dich! **Th. Körner.**

185. Auf Scharnhorsts Tod.

Mäßig bewegt.   Volksweise.

1. In dem wil - den Krie=ges=tan=ze brach die
2. „Ku = gel, raffst mich doch nicht nie=der? dien' euch
3. Ar = ge Stadt, wo Hel=den kran=ken, Heil' = ge
4. Aus dem ir = di=schen Ge=tüm=mel ha = ben
5. „Grüß euch Gott, ihr teu = ren Hel=den! kann euch
6. Sol=ches hat er dort ver=kün=det, und wir
7. Zu den höch=sten Ber = ges=for=sten, wo die
8. Kei = ner war wohl treu=er, rei = ner; nä = her

1. schön=ste Hel - ben=lan=ze, Preu=ßen, eu = er Ge = ne=
2. blu=tend, wer - te Brü=der, führt' in Ei = le mich nach
3. von den Brüt=ken san - ken, rei=ßest al = le Blü = ten
4. En = gel in den Him=mel sei = ne See = le sanft ge=
5. fro = he Zei=tung mel=den: un = ser Volk ist auf = ge=
6. al = le stehn ver=bün=det, daß dies Wort nicht Lü = ge
7. frei = en Ad = ler hor=sten, hat sich früh sein Blick ge=
8. stand dem Kö = nig kei = ner, doch dem Vol = ke schlug sein

1. ral. Luf=tig auf dem Feld bei Lüt=zen fah er Frei=heits=
2. Prag. Will mit Blut um Öſt=reich wer=ben iſt's be=ſchloſ=ſen,
3. ab! nen=nen dich mit lei=ſen Schauern, heil'=ge Stadt nach
4. führt, zu dem al=ten deutſchen Ra=te, den im rit=ter=
5. wacht. Deutſchland hat ſein Recht ge=fun=den, ſchaut, ich tra=ge
6. ſei. Heer, aus ſei=nem Geiſt ge=bo=ren, Jä=ger, die ſein
7. wandt. Nur dem Höch=ſten galt ſein Streben, nur in Frei=heit
8. Herz. E=wig auf den Lip=pen ſchweben wird er, wird im

1. waf=fen blit=zen, doch ihn traf der To=des=ſtrahl.
2. will ich ſter=ben, wo Schwe=rin im Blu=te lag."
3. dei=nen Mau=ern zieht uns man=ches teu=re Grab.
4. li=chen Staa=te e=wig Kai=ſer Karl re=giert.
5. Süh=nungswun=den aus der heil'=gen O=pfer=ſchlacht!"
6. Mut er=ko=ren, wäh=let ihn zum Feld=ge=ſchrei.
7. konnt' er le=ben, Scharnhorſt iſt er drum ge=nannt.
8. Vol=te le=ben, beſ=ſer als in Stein und Erz.

M. v. Schenkendorf.

186. Schwertlied.

Kräftig.   C. M. v. Weber.

1. Du Schwert an mei=ner Lin=ken, was ſoll dein heit'=res
2. „Mich trägt ein wack=rer Rei=ter, drum blink' ich auch ſo
3. „ Ja, gu=tes Schwert frei bin ich, und lie=be dich herz=
4. „Dir hab' ich's ja er=ge=ben, mein lich=tes Ei=ſen=
5. Zur Brautnachtsmorgen=rö=te ruft feſt=lich die Trom=
6. „O ſe=li=ges Um=fan=gen! ich har=re mit Ver=

1. Blin = ken? Schaust mich so freund=lich an, hab' mei = ne
2. hei = ter, bin frei=en Man=nes Wehr, das freut dem
3. in = nig, als wärst du mir ge=traut, als ei = ne
4. le = ben: Ach, wä=ren wir ge=traut! wann holst du
5. pe = te; wenn die Ka = no=nen schrei'n, hol' ich das
6. lan = gen. Du Bräut'gam, ho = le mich! mein Kränzlein

1. Freu = de dran.
2. Schwerte sehr."
3. lie = be Braut.   Hur = ra! Hur = ra! Hur = ra!
4. dei = ne Braut?"
5. Lieb=chen ein.
6. bleibt für dich."

Th. Körner.

187. Wanderlied.

Frisch.   R. Schwalm.

1. Nun blüh'n auf der Hai = de die Blümlein so rot; o
2. Da grü=ßen die Ler=chen so=gleich in dem Feld; o

1. Wan=dern, mein' Freu = de, wie thust du mir not. Komm',
2. Blick von den Ber=gen weit=aus in die Welt! Grüß'

1. Zweig von der Lin = de, nur rasch auf den Hut, mein
2. Gott, Ström' und Quel-len, euch, Blüm=lein so bunt: grüß'

1. Stab, nun ge = schwin=de! Thut Wan=dern nicht gut? Mein
2. Gott, alt' Ge = sel - len, die wan=dern zur Stund',—Grüß'

1. Stab, nun ge = schwin=de, thut Wan=dern nicht gut?
2. Gott, alt' Ge = sel - len, die wan=dern zur Stund'.

F. A. Muth.

188. Bleibe, Abend will es werden.

Ruhig und fromm.   R. Schwalm.

1. Blei = be, A - bend will es wer = den, und der Tag hat
2. Wer soll un = s're Thränen stil = len, wenn es dei = ne
3. Ach, so falsch ist ja die Er = de, ach, so schwankend
4. Blei = be, A - bend will es wer = den, und der Tag neigt

cresc.

1. ſich ge = neigt; blei = be, Herr, bei uns auf Er = den,
2. Hand·nicht thut; wer des Her = zens Zug er = fül = len,
3. iſt das Herz: von der Er = de voll Be=ſchwer = de,
4. ſich zur Ruh'; blei=be, Herr, uns hier auf Er = den,

1. bis·die letz = te Kla = ge ſchweigt,—bis die letz = te
2. wenn nicht bei = ne Lie = bes=glut, wenn nicht bei = ne·
3. füh = re du uns him = mel=wärts, füh = re du uns
4. uns im Him = mel blei = be du, uns im Him=mel

1. Kla = ge ſchweigt.
2. Lie = bes = glut?
3. him = mel = wärts!
4. blei = be du!   F. A. Muth.

Halle a. S., Buchdruckerei des Waiſenhauſes.